Les cartes et planches se trouvent
sous la cote : [G. fol. o³b-427 A

VOYAGE

A L'OASIS DE THÈBES

ET DANS LES DÉSERTS

SITUÉS A L'ORIENT ET A L'OCCIDENT DE LA THÉBAÏDE,

FAIT PENDANT LES ANNÉES 1815, 1816, 1817 ET 1818.

SE TROUVE

A Paris, chez M. DELAGARDE, rue Mazarine, n.° 3;

Et chez
{ DE BURE frères, Libraires du Roi et de la Bibliothèque du Roi, rue Serpente, n.° 7;
TILLIARD frères, Libraires de S. M. le Roi de Prusse, rue Hautefeuille, n.° 22;
TREUTTEL et WÜRTZ, Libraires, rue de Bourbon, n.° 17;

A Strasbourg, chez TREUTTEL et WÜRTZ, rue des Serruriers;
A Londres, chez les mêmes, n.° 30, Soho Square.

VOYAGE

A L'OASIS DE THÈBES

ET DANS LES DÉSERTS

SITUÉS A L'ORIENT ET A L'OCCIDENT DE LA THÉBAÏDE,

FAIT PENDANT LES ANNÉES 1815, 1816, 1817 ET 1818,

Par M. Frédéric CAILLIAUD (de Nantes);

RÉDIGÉ ET PUBLIÉ

Par M. JOMARD, Membre de l'Institut royal de France (Académie des Inscriptions et Belles-Lettres), Correspondant de l'Académie royale des sciences de Berlin, Membre de la Légion d'honneur, &c. &c.;

CONTENANT,

1.° Le Voyage à l'Oasis du Dakel, par M. le Chevalier DROVETTI, Consul général de France en Égypte;

2.° Le Journal du premier Voyage de M. CAILLIAUD en Nubie;

3.° Des Recherches sur les Oasis, sur les Mines d'émeraude, et sur l'ancienne Route du commerce entre le Nil et la mer Rouge;

ACCOMPAGNÉ

DE CARTES ET DE PLANCHES, ET D'UN RECUEIL D'INSCRIPTIONS.

A PARIS,

DE L'IMPRIMERIE ROYALE.

1821.

A M. le Comte BERTHOLLET,

Pair de France, Membre de l'Académie des sciences et de l'Institut du Kaire, &c. &c., Président de la Commission spéciale chargée de publier la *Description de l'Égypte*.

MONSIEUR LE COMTE,

Vous peindre la reconnoissance des voyageurs qui, sous vos auspices, ont parcouru, étudié, décrit l'antique Égypte ; vous exprimer en particulier le respect et l'affection dont je suis pénétré, seroit une tâche trop difficile à remplir pour m'en acquitter dignement dans ce peu de lignes que votre bonté m'a permis de placer en avant du Voyage a l'Oasis. *Le souvenir des leçons que vous et votre illustre ami prodiguâtes jadis à vos disciples dans une école célèbre, plus fière encore de ses chefs que glorieuse de ses succès ;*

le souvenir non moins cher des fatigues et des périls qu'ils ont partagés avec vous sur des rives lointaines, pendant le cours d'une expédition à jamais mémorable : tels sont les sentimens qui animent leurs cœurs, et dont je ne suis qu'un bien foible interprète, en vous renouvelant ici, Monsieur le Comte, l'hommage de la vénération la plus profonde et de l'attachement le plus sincère.

JOMARD.

AVANT-PROPOS.

Dans le courant de l'été de 1818, je reçus d'un négociant Français établi au Kaire, entre autres nouvelles scientifiques, l'annonce des découvertes faites dans les déserts voisins de la Thébaïde par un jeune minéralogiste Français, M. Frédéric Cailliaud, de Nantes, qui avoit voyagé dans ce pays pendant quatre années. On m'engageoit à proposer au Gouvernement l'acquisition de son portefeuille, dont la simple notice étoit de nature à exciter l'intérêt et la curiosité. En effet, le voyageur avoit découvert une ville antique non loin de la mer Rouge, les stations de l'ancienne route de Bérénice, des mines d'émeraude et de soufre, des temples Grecs et Égyptiens bâtis dans ces déserts; enfin il avoit trouvé de beaux monumens dans la grande Oasis. Il rapportoit un journal détaillé, des plans et des vues, et un recueil d'inscriptions. Sur le rapport que je soumis au Ministre de l'intérieur, Son Excellence m'autorisa à traiter de l'acquisition de ces intéressans matériaux, et aussitôt j'écrivis au Kaire en conséquence. Mais, sur ces entrefaites, M. Cailliaud se décida à venir lui-même en France pour apporter ses dessins : vers la fin de février 1819, il arriva à Paris.

Il me suffit de considérer son portefeuille pour juger qu'il renfermoit des dessins précieux et dignes d'être publiés. Les uns avoient été copiés d'après les monumens de l'Oasis de

a

Thèbes; les autres, d'après les ruines situées dans le désert qui sépare la Thébaïde de la mer Rouge; la plupart accompagnés de mesures. Ces antiquités étoient hors du champ des découvertes faites par la Commission d'Égypte; mais les membres de cette Commission reconnurent aisément dans les copies le cachet de l'exactitude, et ils exprimèrent unanimement le desir de les voir mettre au jour sous les auspices du Gouvernement. Le même vœu fut exprimé au sujet de la collection d'antiques formée par le voyageur dans les hypogées de la ville de Thèbes; objets curieux et la plupart d'un intérêt tout neuf pour l'histoire des rites, des mœurs et des usages de l'Égypte. Le Ministre de l'intérieur accueillit ces diverses propositions, fit acheter le portefeuille et la collection d'antiquités, et voulut bien me confier les matériaux pour les rédiger et les publier. Deux années ont été nécessaires pour achever la gravure et l'impression de la première partie de l'ouvrage, qui renferme les monumens et la géographie; la seconde, composée principalement du recueil des antiques et des recherches relatives soit aux contrées que le voyageur a parcourues, soit aux inscriptions, est sous presse en ce moment. Avant de mettre sous les yeux du lecteur la notice des matériaux dont l'ouvrage se compose, je reproduirai ici quelques réflexions sur l'heureuse découverte qu'a faite M. Cailliaud des monumens qui ornent ces déserts si reculés, et qu'on y rencontre avec d'autant plus de surprise qu'ils avoient échappé jusqu'ici à tous les voyageurs sans exception.

Depuis l'expédition Française en Égypte, l'Europe savante a les yeux fixés sur cette contrée fameuse, qui partage avec l'Inde le surnom de berceau de la civilisation, et qui mérite à plus d'un titre un surnom si glorieux. En effet, s'il n'est pas possible de démontrer que ce pays ait été civilisé avant la péninsule Indienne et les rives du Gange, du moins ses monumens, aujourd'hui mieux connus, prouvent d'une manière incontestable qu'il n'a pas reçu d'elles ses arts ni ses sciences; qu'il a créé pour son propre usage et continué pendant des siècles un système d'institutions appropriées au sol, au climat et aux mœurs; enfin, qu'il est parvenu au plus haut point de grandeur, d'industrie et de prospérité intérieures; état qui n'a pu se soutenir aussi long-temps sans de sages combinaisons de la part des maîtres du pays et une connoissance approfondie des besoins des peuples. La richesse de l'Égypte a été telle, qu'à l'époque même où déjà elle commençoit à tendre à sa ruine, elle érigeoit encore des édifices somptueux jusque dans le sein des déserts, et sur des rochers nus, où nous ne trouvons plus aujourd'hui la moindre trace des moyens qui ont servi à les élever. Les législateurs de l'Égypte pensoient que le travail est la source de toute prospérité, et que l'industrie et les arts sont le soutien de toute existence politique, tandis que l'oisiveté et l'ignorance en sont le plus grand fléau.

Ces monumens remarquables, derniers ouvrages de la puissance Égyptienne, avoient échappé aux recherches des voyageurs, même de ceux qui, à la fin du siècle dernier,

ont exploré avec tant de soins et de succès les monumens
de l'ancienne Égypte. Si les circonstances, et sur-tout, il faut
le dire, les irrésolutions d'un général timide, n'eussent pas
mis des bornes à leur zèle, ils alloient, affrontant de nouveaux dangers, faire de nouvelles conquêtes scientifiques au
milieu des sables de la Libye. Tout étoit prêt pour ces expé-
ditions lointaines : ils auroient réussi sans doute complète-
ment à visiter et décrire toutes les Oasis; ils en auroient
mesuré, dessiné les monumens, fixé la position géographique,
étudié le sol et les productions naturelles; et ils auroient recueilli une ample moisson de découvertes et d'observations
précises. Ce qu'ils n'ont pu faire en 1802, un jeune voyageur l'a exécuté en partie, quinze ans plus tard, avec non
moins de zèle que ses précurseurs, et avec autant de succès
qu'on pouvoit en attendre d'un homme isolé, presque dépourvu de tout autre secours qu'un zèle ardent pour l'honneur de son pays, un courage et un dévouement infatigables.
Ce voyageur est un Français : il achève en quelque sorte
l'ouvrage de ses compatriotes; il découvre à soixante heures
du Nil des monumens ignorés; il les dessine et les décrit
avec exactitude; enfin il rapporte dans sa patrie un portefeuille précieux, recueilli et composé sans autre prétention,
sans autre but que le désir de faire connoître la vérité.

Le voyage de M. Frédéric Cailliaud mérite d'obtenir la
faveur publique, et d'exciter cette curiosité qui s'attache à
l'auteur d'une entreprise hasardeuse, à celui qui fait une
heureuse découverte; on se flatte que le récit fidèle de son

entreprise attirera l'attention des amis des arts et des lettres, ou la partagera du moins avec les autres excursions dont l'Égypte et ses déserts ont été le théâtre depuis vingt ans.

On peut d'autant plus espérer que le public goûtera les recherches de M. Cailliaud, qu'il a fait d'autres découvertes qui ne sont pas d'un moindre intérêt que celle des antiquités de la grande Oasis, et sur un théâtre encore plus neuf. Avant de pénétrer dans les déserts de l'ouest, M. Cailliaud, favorisé par un hasard heureux, avoit découvert, au mont Zabarah, les fameuses mines d'émeraude, qui n'étoient connues que par les passages des auteurs et par les récits des Arabes. Presque entièrement oubliées depuis un grand laps d'années, elles restoient stériles pour les gouverneurs du pays. Le voyageur les retrouve presque dans l'état où les ont laissées les ingénieurs des rois Ptolémées ; il pénètre dans une multitude d'excavations et de canaux souterrains pratiqués jusqu'à une grande profondeur, où quatre cents hommes ont pu travailler à-la-fois ; il reconnoît des chaussées et de grands travaux ; il voit, dans les mines, des cordages, des paniers antiques, des leviers, des outils, des meules, des vases, des lampes abandonnés ; il observe les procédés de l'exploitation des anciens, procédés très-peu connus jusqu'à présent ; enfin il continue lui-même l'exploitation, et rapporte à Mohammed A'ly pâchâ jusqu'à dix livres d'émeraude. Puis il trouve, auprès de là, les ruines d'une petite ville, habitée jadis probablement par les mineurs, et, au milieu de la ville, des temples Gréco-Égyptiens avec des inscriptions fort anciennes. Dans son dernier voyage de Zabarah, qui a duré plus de deux mois et demi, M. Cailliaud étoit secondé de la protection du pâchâ; une troupe considérable d'hommes armés, de mineurs et d'ouvriers, étoit sous sa direction : mais, la première fois qu'il visita les mines d'émeraude, il étoit seulement suivi de sept hommes.

Une quatrième découverte qui recommande notre voyageur, c'est celle d'une des anciennes routes du commerce de l'Inde par l'Égypte. M. Cailliaud traversa deux fois cette route en allant aux mines d'émeraude, et il aperçut les stations antiques, les enceintes destinées à réunir et protéger les caravanes, et d'anciens réservoirs propres à les désaltérer. Là, il apprit des Arabes de la tribu des *A'bâbdeh* et de la tribu des *Bicharyeh,* que la même route se rendoit à une ville très-étendue, bâtie sur les bords de la mer Rouge et aujourd'hui ruinée, environ sous le 24.e degré de latitude, auprès de la montagne d'Elbé (1).

Enfin, sur les bords de la mer Rouge, M. Cailliaud découvre une montagne de soufre qui a été exploitée, et dont les environs portent des traces volcaniques; il y trouve de la pouzzolane et d'autres productions du feu.

Il met un grand soin à observer les montagnes dans cette partie du désert qui sépare le Nil du golfe Arabique et qui appartient au sol primitif : toutes ces roches présentent des variétés remarquables et des circonstances particulières

_____

(1) Cette ville a été vue depuis par M. Belzoni et par M. Beechey, qui ont suivi la route indiquée par M. Cailliaud. *Voyez* la Notice géographique sur la planche Ire

dans leur composition. C'est avec la même attention qu'il parcourt les terrains calcaires et les chaînes de montagnes qui séparent le Nil de l'Oasis, et qu'il examine les différentes constructions de cette dernière contrée, les unes de l'ancienne époque Égyptienne, les autres plus récentes; il trouve des voûtes fort anciennes, mais dont la date est encore problématique; enfin il observe les eaux thermales, l'état du sol, les arbres, les végétaux et les productions du pays.

M. Cailliaud ne néglige pas d'observer et de décrire avec soin les mœurs et le costume des tribus Arabes qu'il rencontre sur son chemin; il vit au milieu d'elles; il se familiarise avec leurs usages. Il se fait aimer des cheykhs en partageant leurs courses, leur nourriture grossière, leurs fatigues et leurs dangers. Endurci comme eux aux privations et aux travaux les plus rudes, il acquiert leur estime et leur confiance, et exécute sans péril ce qui n'eût été que téméraire pour des voyageurs moins courageux et moins persévérans. Enfin il dresse un itinéraire soigné de tous les chemins qu'il parcourt.

Antérieurement à ces excursions, il avoit visité les rives du Nil en Nubie, ainsi que les monumens qu'on y trouve entre les deux dernières cataractes. Ce voyage, fait sous les auspices de M. Drovetti, consul de France en Égypte, remonte à une époque déjà ancienne, et même antérieure à celle de plusieurs voyages qu'on vient de publier.

Toutes les inscriptions Grecques et Latines qu'il rencontre dans ses courses, il les copie avec soin : il est assez heureux pour en trouver une de soixante-six lignes, renfermant environ neuf mille lettres, plus étendue d'un cinquième que l'inscription Grecque de la pierre de Rosette. Avec une patience peu commune, il vient à bout de la copier en trois jours, après des peines et des fatigues extraordinaires. Quoique d'une époque récente comparativement au monument de Rosette, puisqu'elle appartient aux temps de l'empereur Galba, elle renferme des faits curieux et neufs sur l'administration intérieure de l'Égypte.

Non content de toutes ces recherches, M. Frédéric Cailliaud recueille par-tout des antiques précieuses, dont la plupart jettent un nouveau jour sur les usages des anciens. Ayant passé à Thèbes neuf fois, il a pu se procurer beaucoup d'objets rares, conservés dans les hypogées de cette grande ville. Sa collection a été achetée depuis, pour enrichir la Bibliothèque du Roi. M. Cailliaud, en cédant tous ses matériaux, a fourni en même temps un journal de son voyage, où l'on retrouve tous les caractères de la candeur et de la véracité. Des marques de la protection du Gouvernement lui ont été données. Il est reparti pour l'Égypte au mois de septembre 1819, muni d'instrumens d'astronomie et de physique, d'instructions très-étendues, et résolu à tenter des découvertes périlleuses, mais importantes. Il est accompagné d'un jeune observateur, M. Letorzec, également zélé. Les encouragemens qu'il a reçus, les ordres dont il est porteur, et sur-tout son rare dévouement, font présager le succès de sa mission, et promettent à la géographie de l'Afrique de nouvelles conquêtes.

Le texte de cet ouvrage est divisé en chapitres. Le premier renferme l'explication des planches relatives à la géographie et aux monumens, et des notices géographiques sur les cartes dressées pour l'intelligence du voyage. Le chapitre II renferme la relation des divers voyages de M. Cailliaud, soit à l'est de la Thébaïde, soit à l'ouest, rédigée d'après son itinéraire. Dans le troisième chapitre, j'ai inséré le journal d'un voyage fait par M. Drovetti, consul de France, dans l'Oasis du Dakel, postérieurement à celui de M. Cailliaud : c'est une contrée beaucoup plus reculée dans la Libye que l'Oasis de Thèbes, et qui n'avoit jamais été visitée par aucun Européen. Le chapitre IV est consacré au recueil des inscriptions. Les chapitres suivans contiennent le premier voyage de M. Cailliaud en Nubie, avec M. Drovetti; des éclaircissemens sur les inscriptions; des remarques sur les mines d'émeraude et de soufre, et sur l'ancienne route du commerce; des recherches sur les Oasis en général; la suite de l'explication des planches; enfin les catalogues des antiquités recueillies par M. Cailliaud et par M. Drovetti, avec des explications sur ceux de ces objets qui intéressent plus particulièrement l'histoire des arts, des mœurs et des usages de l'antiquité.

Dans une introduction, je donne un aperçu des principales découvertes faites depuis le commencement du siècle, soit en Égypte, soit dans les contrées environnantes; des vues sur l'état de conservation des monumens, et des remarques sur le gouvernement actuel de l'Égypte. Dans un appendice, je réunis différentes pièces relatives au voyageur, et quelques détails sur les premiers résultats de ses nouvelles excursions dans les Oasis, en Nubie et en Abyssinie.

Je sens que ce premier ouvrage, purement géographique et archéologique, est dépourvu de l'intérêt piquant qui s'attache aux aventures et aux narrations animées. Si, malgré ce désavantage, il obtenoit l'approbation du public et celle des savans, j'essaierois d'en publier un second sur les monumens de Syouâh, que l'on croit être *l'Oasis de Jupiter Ammon*: les dessins que j'en possède sont en assez grand nombre, et ils sont exécutés avec une précision et un soin qui me paroissent les rendre dignes de fixer l'attention de quiconque cherche à approfondir l'histoire de la haute antiquité.

Le plan et l'exécution du *Voyage à l'Oasis de Thèbes* et dans les déserts voisins de la Thébaïde le rapprochent, sous plusieurs rapports, de la *Description de l'Égypte*, publiée par les voyageurs Français. L'échelle des monumens est exactement double de celle qui a été suivie dans ce dernier ouvrage; les plans et les détails sont gravés d'après les mêmes règles; l'orthographe des mots et des noms Arabes est la même; enfin les copies des figures hiéroglyphiques, les textes Coptes, et toutes les inscriptions, sont des *fac simile* ou des copies figurées de l'original. La *Description de l'Égypte* a accoutumé les lecteurs à cette fidélité scrupuleuse, à cette précision et à cette finesse d'exécution, sans lesquelles, aujourd'hui, aucun ouvrage de genre ne pourroit avoir leur assentiment. Ce qui m'a permis d'arriver à ce résultat, c'est la coopération des habiles artistes dont j'avois éprouvé le talent pendant douze années, en dirigeant les divers travaux de cet ouvrage national. Il suffit de citer MM. Sellier, Baltard, Reville, Leisnier, Allais, Dormier, &c., dont plusieurs ont acquis une réputation Européenne pour la gravure de l'architecture. J'ai encore introduit dans l'atlas un certain nombre d'estampes en couleur, pour donner une idée complète des curieux fragmens recueillis par le voyageur Nantais. En un mot, j'ai fait mes efforts pour rendre cet ouvrage de plus en plus digne de la protection du Gouvernement et du suffrage d'un public éclairé.

Paris, Novembre 1821.

VOYAGE
A L'OASIS DE THÈBES

ET

DANS LES DÉSERTS DE LA THÉBAÏDE.

CHAPITRE I.er
EXPLICATION DES PLANCHES.

VOYAGE A L'EST.
PLANCHE I.re

---

*Carte itinéraire du Désert situé entre le Nil et la mer
Rouge, comprenant la montagne de Zabarah, les Mines
d'émeraude, la Mine de soufre, et les vestiges de
l'ancienne Route du commerce entre l'Égypte et l'Inde,
dressée d'après l'Itinéraire de M. CAILLIAUD et la Carte
générale de l'Égypte.*

L'ÉCHELLE de la carte est d'un millionième, la même que celle de la
carte générale, en trois feuilles, annexée à la *Description de l'Égypte.*
On a marqué par des chiffres, sur les routes suivies par le voyageur,
les dix-sept stations où il s'est arrêté, en allant de Redesyeh au mont

A

Zabarah et à la mer Rouge, et en revenant de la mine de soufre à la vallée du Nil.

La partie de la Nubie est puisée dans la carte que le colonel Leake a jointe au *Voyage de Burckhardt en Nubie*. Voyez, à la suite de ce chapitre, l'article relatif à la construction de la carte du mont Zabarah et des environs, et où l'on rend compte des motifs sur lesquels elle est appuyée. Le cours du Nil au-dessus de Syène sera rectifié par des observations ultérieures.

Nota. Au lieu de Siat sur la mer Rouge, lisez *Sïal;* de Souharit, *Souharif.*

PLANCHE II.

Vue, Plan et Coupes d'un Temple Égyptien situé dans le Désert, à treize lieues à l'orient d'Edfoû.

Voyez, dans la carte du désert *(pl. 1.re)*, la position de cet édifice sur la route qui mène au mont Zabarah, à l'est-sud-est d'Edfoû.

Cet édifice est en partie taillé dans le roc. Le premier portique seul est construit : il est enrichi de peintures encore bien conservées.

Fig. 1. Vue en face du monument. On a un peu restauré dans la gravure quelques parties peu importantes de la façade.

Fig. 2. Plan du temple. L'échelle de ce plan et de tous ceux qui suivent est d'*un deux-centième*, double de celle qui a été adoptée dans les plans d'architecture de la *Description de l'Égypte*. La portion qui est bâtie, et non taillée dans le roc, se distingue par la gravure au trait.

> a. Portique extérieur, soutenu par des colonnes du genre de celles d'Éléphantine.

> a′, a′. Arrachemens d'un mur d'entre-colonnement aujourd'hui détruit. On ne les a pas exprimés, dans la Vue, sur le bord intérieur des colonnes.

> b. Portique creusé dans le roc, et soutenu par des piliers carrés.

> c, c, c. Trois sanctuaires égaux.

> d. Escalier pour monter aux sanctuaires.

> d′, d′. Escaliers montant à des tribunes latérales.

> e. Trois bancs avec un socle, sur chacun desquels sont assises trois figures de divinités en plein relief. (*Voy.* fig. 4.)

Fig. 3. Coupe transversale du portique extérieur, faisant voir les statues qui sont devant la deuxième porte, et l'entrée du sanctuaire, précédée de cinq marches. Les visages des figures sont presque effacés ; celles-ci portent une épaisse chevelure, que le graveur n'a pas indiquée.

Fig. 4. Coupe transversale des sanctuaires, montrant les trois groupes de statues. Les faces de ces figures ont aussi été mutilées. On reconnoît une figure de femme dans chacun des trois personnages placés à la gauche du groupe.

PLANCHE III.

1. Bas-relief du Temple à l'orient d'Edfoù. — 2. Plan et Environs d'une ville antique appelée Sekket. *— 3, 4. Inscriptions gravées sur les rochers.*

Fɪɢ. 1.   Le sujet symbolique représenté dans ce dessin est sculpté sous le péristyle du temple situé dans le désert, à treize lieues à l'est-sud-est d'Edfoù. (*Voyez* pl. II.) Des sujets pareils ont été gravés plusieurs fois dans la *Description de l'Égypte.*

On ignore l'échelle du dessin original, qui, dans la gravure, a été beaucoup réduit.

Fɪɢ. 2.   Ce petit plan fait voir l'emplacement de la ville antique de Sekket, et la place des principales mines d'émeraude qui se trouvent entre cette ville et le mont Zabarah. On remarque dans la ville trois édifices séparés par le grand chemin. On trouvera le temple principal, qui est le plus au nord, figuré dans les planches V et VI : un autre plus petit, vers le sud-est, est représenté dans la planche VII ; enfin l'édifice qui est au sud et de l'autre côté du chemin, dans la planche V, fig. 5, 6, 7.

Fɪɢ. 3.   Une des inscriptions en hiéroglyphes cursifs, gravés sur les rochers situés entre la 3.ᵉ et la 4.ᵉ station, sur la route du mont Zabarah : elle ne diffère point de celles qu'on a tracées sur les rochers des Cataractes et de Philæ, ni de celles qu'on voit sur les bandelettes de momie ornées d'hiéroglyphes cursifs.

Fɪɢ. 4.   Inscription Arabe, gravée sur le même rocher. *Voyez* plus loin la traduction de cette inscription.

PLANCHE IV.

Vues d'une ville antique appelée Sekket, *prises du sud et du nord.*

La ville de Sekket est aussi appelée *Bendar el Kebyr :* les Arabes diffèrent sur le nom que porte ce lieu intéressant.

1. Vue de la ville antique, prise du sud-sud-ouest. (*Voyez* pl. III, fig. 2.)

    1. Temple principal. (*Voyez* pl. V et VI.)

    2. Petit temple à arcades. (*Voyez* pl. VII.)

2. Vue de la ville, prise du nord-nord-est.

    1. Édifice du sud. (*Voyez* pl. V, fig. 5, 6, 7.)

Les arbrisseaux qu'on voit dans le chemin sont des acacias épineux, d'une petite stature : les Arabes en tirent de la gomme, qui fait l'objet d'un commerce très-étendu. *Voyez* la Relation du voyage.

B

PLANCHE V.

1, 2, 3, 4. *Plan et Coupes du Temple principal de Sekket.*
— 5, 6, 7. Plan et Coupes de l'Édifice du sud. — 8. Plan
d'une Maison particulière de Sekket.

Les mesures de ces plans et de tous ceux qui suivent ont été prises en
pieds et pouces par le voyageur : on les a calculées en mètres et parties de
mètre, pour faciliter le rapprochement de cet ouvrage avec les autres de
même nature qui ont été publiés en France.

Fig. 1.   Plan du temple principal de Sekket, situé en a *(pl. III, fig. 2).*
On a distingué par une teinte plus forte les parties creusées dans
le rocher, de celles qui sont construites en moellons, et qui ont été
adossées contre les premières. (*Voyez* pl. **VI.**)

>   a. Salle antérieure, aujourd'hui découverte. Il y a beaucoup
>   de débris à terre dans cette partie du sol.

>   b. Portique tout entier creusé dans le roc, ainsi que les
>   salles suivantes. La ligne ponctuée qui le sépare de la
>   salle a, indique l'aplomb du rocher, qui a été taillé
>   ici en muraille perpendiculaire.

>   b'. Escalier de quatre marches, conduisant aux salles du fond.

>   c. Sanctuaire principal. Au fond est un socle f, qui sans
>   doute a servi d'autel.

>   d. Chambre, divisée en deux parties, qui n'a pas été achevée.

>   e. Salle semblable, avec un autel f'.

>   g. Petite salle creusée dans le rocher, avec un banc et une
>   niche au fond. (*Voyez* fig. 4.)

>   h. Salle correspondante à la précédente.

>   i. Cavité pratiquée dans le roc, avec un seuil. (*Voyez* en
>   bas de la figure 2.)

>   k, k. Parties de maçonnerie adossées contre le rocher, gros-

sièrement construites en pierres de schiste, et sans appareil régulier. (*Voyez* fig. 2.)

k', k'. Autres prolongemens semblables.

Nota. Par erreur de construction, la longueur des salles latérales du fond est un peu trop grande; il faut s'en tenir à la cote 4^m,55. Il en est de même de la longueur ou profondeur totale du temple, qui est de 15^m,27, comme on l'a cotée [47 pieds à l'original], quoique le plan donne, d'après l'échelle, une mesure plus forte.

Fig. 2.   Coupe de l'entrée du temple principal sur la ligne A.B du plan. Au-dessus de la pièce marquée en i sur le plan, est une petite niche carrée, et plus loin une autre plus grande, décorée de serpens et de quelques attributs Égyptiens. Cette imitation est combinée avec le style de l'architecture Grecque, ainsi que tout le reste du temple. C'est ce dont il est facile de s'assurer, quand on possède la connoissance des monumens. Il importe ici de remarquer ce genre d'imitation; on en verra d'autres exemples plus sensibles. Il faut remarquer aussi les colonnes doriques engagées.

Fig. 3.   Coupe en travers de la salle h; au fond est une niche carrée.

Fig. 4.   Coupe en travers de la salle g, avec un banc en avant et une niche arrondie au sommet, accompagnée d'un tableau analogue à celui de l'entrée. (*Voyez* fig. 2.)

Fig. 5.   Plan d'un édifice situé au sud de Sekket et bâti en schiste. (*Voyez* en c, pl. III, fig. 2, et pl. IV, fig. 2, au point *1*.) Cet édifice a plus d'étendue en total que le précédent; mais il a moins de distributions et de richesse. La partie de maçonnerie est distinguée ici, par une teinte plus forte, de celle qui est creusée dans le roc.

a. Terrasse élevée de dix marches, à laquelle on monte par deux escaliers creusés dans le roc.

b. Salle découverte.

c. Deuxième salle, éclairée par deux fenêtres à fronton.

d. Dernière salle qu'on croit un sanctuaire, creusée dans le roc. Il y a sur le sol des débris de constructions.

e, e, e. Rocher. Il paroît que c'est au milieu d'un vide naturel de la montagne que le temple a été bâti.

Fig. 6.   Élévation antérieure du même bâtiment, sur la ligne A.B du plan. (*Voyez* fig. V.) L'appareil est plus irrégulier qu'on ne l'a marqué.

Fɪɢ. 7.   Coupe sur la ligne **CD** du plan, faisant voir le fond de la salle découverte et les fenêtres qui éclairent la deuxième salle.

Fɪɢ. 8.   Plan d'une des maisons particulières de la ville. La façade de la maison a 14ᵐ,62 [45 pieds]. La partie construite dd se distingue du rocher par une teinte plus noire. Il subsiste encore un très-grand nombre d'habitations pareilles, plus ou moins étendues.

a. Banc qui occupe toute la longueur de la salle principale.

b, c. Deux salles profondes, où l'on devoit rencontrer de la fraîcheur, et qui pouvoient servir de celliers.

PLANCHE VI.

Vue du Temple principal de Sekket.

Ce monument est presque tout entier creusé dans le roc. (*Voyez* pl. IV, fig. 1, au point *1*, et pl. V, fig. 1 à 4, et l'explication.) On a d'abord dressé la face de la montagne, avant de percer les salles de ce temple souterrain; ensuite on a construit plusieurs massifs pour supporter des salles antérieures, qui aujourd'hui n'existent plus.

Cette façade ne présente qu'un seul ornement Égyptien, le disque entouré de serpens. En avant, sont des acacias, comme dans la planche IV.

1. Emplacement d'une salle basse, et de deux niches sans profondeur, pratiquées dans l'intérieur du roc; l'une d'elles est décorée dans le style Gréco-Égyptien du reste du monument. (*Voyez* pl. V, fig. 2.)

2. A ce point, on voit, marqué sur la colonne, un lit de la pierre dirigé dans un plan oblique, qui est la continuation de celui sous lequel s'est rompue la colonne voisine. Aujourd'hui, celle-ci tient à la montagne par la base et le chapiteau; le reste du fût s'est séparé, et l'on voit le bloc à terre.

3. Trous paroissant avoir servi à recevoir des solives qui formoient jadis un plancher au-dessus de la salle découverte **a**. (*Voyez* pl. V, fig. 1.)

4. Plusieurs excavations, conduisant à des galeries pratiquées pour la recherche des émeraudes.

PLANCHE VII.

Vue du petit Temple de l'est, à Sekket.

La place de l'édifice est marquée en b *(pl. III, fig. 2). Voyez* pl. IV, fig. 1, au point 2.

A défaut de plan, l'échelle est donnée par l'ouverture des portes, qui est d'un mètre [3 pieds]. La hauteur est de 2 mètres à très-peu près. La longueur de la façade est d'environ 7 mètres [21 pieds]. Pour donner la proportion de l'échelle de ce petit temple, la figure devroit être un peu plus rapprochée.

Le plan de cette chapelle à arcades consiste en une salle oblongue, de 4 mètres environ de profondeur. Hormis le disque entouré de serpens, le style est tout Grec; encore les imitateurs ont-ils supprimé les ailes du globe Égyptien.

A l'arcade de droite, sont plusieurs inscriptions Grecques. (*Voy.* pl. VIII, fig. 3.) Les arbrisseaux sont de la même espèce que ceux de la planche IV.

La forme conique des rochers qu'on aperçoit jusqu'au dernier plan, est celle des montagnes primitives dont cette partie du désert est composée, et dans lesquelles on rencontre les mines d'émeraude.

PLANCHE VIII.

1, 2. Inscriptions du Temple situé à l'orient d'Edfoú; —
3, 4. des Temples de Sekket; — 5. des Carrières de
Syène; — 6. de la Galerie de Philæ; — 7. d'un Obé-
lisque à Philæ; — 8. des Hypogées de Faras en Nubie.

FIG. 1, 2, 2', 2". Inscriptions copiées sous le portique extérieur du temple
Égyptien colorié, situé à treize lieues est-sud-est d'Edfoû.

FIG. 3.   Inscriptions copiées sur la façade du petit temple de l'est, à
Sekket.

FIG. 4.   Inscription copiée dans le temple principal de Sekket.

FIG. 5.   Inscription copiée sur une colonne de granit située à trois
quarts de lieue au sud de Syène, sur un endroit élevé. Cette
colonne devoit faire partie d'un tombeau.

FIG. 6.   Inscription tracée en encre rouge à Philæ, sous la galerie voisine du Nil.

FIG. 7.   Inscription copiée à Philæ, sur une pierre qu'on présume avoir
servi de socle à un obélisque en granit, situé à l'entrée principale
du grand temple.

FIG. 8.   Inscription copiée à Faras en Nubie, dans un hypogée. *Voyez*
la Relation.

Voyez ci-après le Recueil des inscriptions et les Remarques.

PLANCHE IX.

1, 2, 3. *Minéraux provenant des Mines d'émeraude du mont Zabarah; — 4, 5. de Sekket; — 6. de Gebel Kebryt; — 7. de l'île d'Éléphantine.*

FIG. 1.   Schiste micacé mêlé de talc, renfermant des prismes d'émeraude striée d'un vert pâle, rapporté du mont Zabarah. (*Voyez* la pl. Ire) Cette figure est de grandeur naturelle, ainsi que les suivantes.

FIG. 2.   Un beau cristal d'émeraude en prisme hexaèdre, de 11 à 12 millimètres de grosseur, dans une roche de mica noir schistoïde, du mont Zabarah. Le gisement de ces émeraudes est généralement dans le schiste et les couches de talc des montagnes granitiques.

FIG. 3.   Roche formée de mica et de schiste, avec quartz blanc et parsemé de talc fortement coloré en beau vert par l'oxide de chrôme; des mines d'émeraude, au mont Zabarah.

FIG. 4.   Amphibole actinote en prismes rhomboïdaux, d'un vert sombre, dans une roche de talc schistoïde d'un blanc nacré, par filons abondans et en grandes masses, dans les montagnes granitiques; des mines d'émeraude, à Sekket. (*Voyez* pl. III, fig. 2.)

FIG. 5.   Roche d'amphibole actinote en masse rayonnée, et mêlée de talc nacré écailleux, en filons; des mines d'émeraude, près de Sekket.

FIG. 6.   Soufre natif amorphe, disséminé en gros grains dans une roche de chaux sulfatée, blanche, lamellaire, formant des bancs dans des montagnes calcaires, et recouvert de pouzzolane; à Gebel Kebryt, sur le bord de la mer Rouge (sud-est du mont Zabarah).

FIG. 7.   Un grenat dodécaèdre, d'environ 3 centimètres, provenant d'Éléphantine.

Tous ces échantillons sont de grandeur naturelle.

VOYAGE A L'OUEST.

(OASIS DE THÈBES.)

PLANCHE X.

———

Carte de l'Oasis de Thèbes, comprenant le vallon d'el Khargeh et celui d'el Dakel, ainsi que les routes qui y conduisent en partant d'Esné, de Girgeh et de Syout, dressée d'après les Itinéraires de MM. CAILLIAUD et DROVETTI, et la Carte générale de l'Égypte.

L'ÉCHELLE de la carte est d'un millionième, comme celle de la planche I.ᵉ

Voyez plus bas l'article relatif à la construction de la carte de l'Oasis, et dans lequel on fait connoître les bases de cette carte itinéraire. J'ai marqué, sur les deux routes de l'Oasis d'el Khargeh, les stations du voyageur et le nombre des heures de marche de chaque journée.

La route du Dârfour, au midi des ruines d'Abezzyâd et d'Abessâd, se dirige à l'ouest et non à l'est (renseignement parvenu après la construction de la carte). C'est à ces ruines que se rapportent les deux lignes gravées au bas de la planche.

M. le chevalier Drovetti, à qui j'ai l'obligation de l'itinéraire au vallon d'el Dakel, n'ayant fourni que des distances approximatives et peu de directions, je ne donne cette partie de la carte que comme conjecturale. La route de M. Drovetti se compose de trois lignes : de Syout à el Khargeh ; d'el Khargeh à Balât, et de là à Qasr ; enfin de Balât à Manfalout.

> *Nota.* Les routes suivies par M. Cailliaud sont marquées par deux lignes, une pleine et une ponctuée.

———

D

PLANCHE XI.

Plan et Vue d'un Temple Gréco-Romain situé à Douch el Qala'h, à trois lieues au sud de Beyris.

Le temple est bâti sur un rocher élevé, près de Douch el Qala'h, l'extrémité méridionale de l'Oasis de Thèbes, à vingt-une lieues et demie d'el Khargeh. (*Voyez* la pl. X.)

C'est ici que commence la route du Dârfour. Une source sulfureuse est au midi de cet endroit.

FIG. 1.   Plan du temple.

      a. Cour découverte.

      b, c. Première et deuxième salles.

      d. Sanctuaire du temple.

      e. Niche pratiquée au fond du sanctuaire.

      f. Escalier qui conduisoit sur la terrasse.

FIG. 2.   Vue prise au nord du temple. A l'horizon est la chaîne sablonneuse qui entoure l'Oasis. On a tâché d'exprimer ici, et dans les planches suivantes, cette espèce de ceinture de sables élevés que forme la montagne Libyque tout autour de l'Oasis, et par laquelle ce canton fertile est tout-à-fait isolé du désert.

      1, 2. Portes voûtées en brique, à l'entrée des salles b, c; au-delà est une troisième voûte pareille, à l'entrée de la salle d.

      3. Partie du village de Douch el Qala'h. Le terrain qui est sous les dattiers est cultivé; cette culture n'a pu être exprimée par la gravure.

      4, 4'. Ruines d'habitations en brique, plus modernes.

PLANCHE XII.

Plan et Vue générale d'un Temple Égyptien situé à Douch el Qala'h, à trois lieues au sud de Beyris.

Ce grand temple est situé auprès du précédent. (*Voyez* la carte, pl. **X.**) La longueur totale, auprès de la porte du nord, est d'à peu près 72 mètres ¼ [environ 223 pieds].

Fig. 1.   Plan du temple.

> a. Porte du nord, qui paroît être le reste d'un pylône.
>
> b, b. Douze colonnes presque entièrement rasées. (*Voyez* fig. 2, au point *3.*)
>
> c. Deuxième porte, aujourd'hui engagée dans une enceinte en brique.
>
> d, d. Emplacement d'une enceinte en brique, qui se prolonge plus à l'ouest et qu'on n'a pas cru devoir exprimer sur le plan.
>
> e. Salle antérieure, découverte.
>
> f. Portique du temple.
>
> ·g. Salle voûtée, formant le premier sanctuaire. (*Voyez* pl. XIII, fig. 3.)
>
> h. Deuxième sanctuaire, également voûté. (*Voyez* ibid.)
>
> i. Escalier.

Fig. 2.   Vue générale prise à l'est-nord-est du temple. Le point de vue est hors du plan gravé dans la figure 1. On voit ici les différentes enceintes et constructions qui ont été bâties autour du temple, à des époques plus ou moins récentes. (*Voyez* aussi la planche XIII.)

> *1.* Angle nord-est du temple, qu'on aperçoit au travers d'une ouverture de l'enceinte en brique.
>
> *2.* Deuxième porte, engagée dans l'enceinte.
>
> *3.* Partie de la colonnade aujourd'hui rasée. On voit que les colonnes étoient formées de tambours d'une médiocre

proportion. Sur le premier plan, à droite, sont des fragmens de chapiteaux qui prouvent que ces colonnes étoient de style Égyptien. Toutes sont percées d'une ouverture qui servoit sans doute à recevoir un axe métallique propre à réunir les tambours ensemble.

4. Première porte, ou porte du nord. On voit à terre une partie du couronnement, qui a été renversé.

———

PLANCHE XIII.

1, 2, 3. *Vue particulière et Coupes d'un Temple Égyptien,
situé à Douch el Qala'h. — 4. Détail d'une Voûte peinte
au même lieu.*

Fɪɢ. 1.   Vue du temple, prise au nord-est.

Dans le fond est la chaîne couverte de sables qui borne l'Oasis à
l'ouest, et tout autour, la grande enceinte en brique. D'après le
point de vue et l'état du temple, on ne peut apercevoir la partie postérieure de l'édifice ni les salles voûtées.

1. Pierre taillée en marches, que l'on croit liée à la construction
antique, et dont on ne connoît point la destination.

2. Emplacement d'une salle de l'enceinte, qui domine le temple,
et qu'on regarde comme l'intérieur d'une tour.

3. Vides qui paroissent avoir servi à recevoir les poutres des
planchers, pour soutenir les habitations construites dans
l'enceinte.

Fɪɢ. 2.   Coupe prise sur la ligne A B *(fig. 1, pl. XII).* Sous le plafond
sont deux fenêtres en abat-jour, semblables à celle du petit temple
de Karnak à Thèbes.

Fɪɢ. 3.   Coupe en perspective, dessinée d'un point voisin de g *(fig. 1,
pl. XIII),* pour montrer les voûtes en pierre couronnant les salles g
et h. (*Voyez* la Relation.)

Remarquez que, dans la salle g, la voûte est coordonnée avec
un ornement Égyptien (le globe ailé circulaire) et avec des inscriptions hiéroglyphiques ; mais il n'y a point d'hiéroglyphes sur les voûtes.

La salle du fond étoit éclairée par une petite fenêtre en abat-jour,
comme la salle g.

Fɪɢ. 4.   Inscription et caractères hiéroglyphiques tracés à la naissance d'une
voûte couverte de peintures, qui est à quelque distance du temple. Les
signes et l'inscription sont respectivement placés comme dans le dessin.

Plusieurs hiéroglyphes paroissent, par leur composition, appartenir à une époque plus récente, si toutefois le voyageur a eu le loisir
de les dessiner correctement.

E

PLANCHE XIV.

Plan et Vue d'un Temple situé au nord-est de Boulâq.

Fɪɢ. 1. Plan du temple au nord-est de Boulâq, à six lieues et demie d'el Khargeh. (*Voyez* la carte, pl. **X.**)

> **a.** Porte extérieure, qui paroît être le reste d'un pylône.
>
> **b.** Salle antérieure, aujourd'hui découverte, et qui étoit probablement soutenue par quatre colonnes.
>
> **c.** Second portique, de quatre colonnes.
>
> **d.** Salle oblongue, précédant le sanctuaire.
>
> **e.** Sanctuaire principal.
>
> **f, g.** Salles voûtées.
>
> **h.** Escalier conduisant à la terrasse.
>
> **i.** Pièce mystérieuse, dans laquelle est une ouverture **k**, qui conduit à une chambre souterraine.
>
> **l, l.** Enceinte en briques crues, qui entouroit le temple, encore bien conservée.

Fɪɢ. 2. Vue du temple de Boulâq et de l'enceinte, prise du côté de l'est. Dans le fond, on aperçoit les sables de la chaîne Libyque; à gauche, on voit des maisons Arabes ruinées, dont quelques-unes sont encore debout.

Le monument est orné d'hiéroglyphes; il paroît n'avoir pas été achevé.

PLANCHE XV.

Vues d'un Édifice ruiné, situé au sud-est du grand Temple d'el Khargeh.

Ce bâtiment est situé entre le grand temple et le village, à peu près à égale distance de l'un et de l'autre.

Fig. 1. Vue de l'édifice, prise du sud.

1. Sables et débris accumulés autour de l'édifice.

2. Partie de terrain cultivée et plantée de palmiers.

3. Un palmier doum, arbre que l'on rencontre fréquemment dans l'Oasis. (*Voyez* pl. XVIII et XIX.)

Il n'y a point d'hiéroglyphes sculptés sur les murailles de ce bâtiment. La deuxième porte a environ 1^m,30 de large : cette mesure donnera l'échelle de l'édifice, à défaut du plan.

Fig. 2. Vue du même édifice, prise du sud-est.

1. Partie de terre cultivée jusque sur le premier plan. On n'a pas pu exprimer les cultures de ce terrain.

On voit à l'horizon la chaîne de sable qui entoure l'Oasis.

PLANCHE XVI.

Vue des Ruines situées au nord d'el Khargeh, à l'est du grand Temple.

La vue est prise au sud-est de ces ruines. Le monument est orné d'hiéro-glyphes : sa proportion est médiocre ; la porte a environ un mètre et demi d'ouverture. L'enceinte en brique dont le temple est environné, a 62 mètres [191 pieds] de largeur. Sur le devant, sont les débris de la façade, qui s'est écroulée. Dans le fond, on aperçoit la chaîne sablonneuse de l'ouest.

   1. El Gabâouet, lieu occupé par un grand nombre de tombeaux Égyptiens, Grecs ou Romains. (*Voyez* pl. XXI.)

   2. Grand temple d'el Khargeh.

3, 4. Parties de terrain plantées d'arbres et cultivées.

PLANCHE XVII.

———

Plan général et Plan particulier du grand Temple d'el Khargeh.

Fɪɢ. 1.   Plan général du grand temple, à l'échelle des plans d'architecture de la *Description de l'Égypte*, ou *un quatre-centième*. La longueur totale est de 152 mètres [468 pieds]. Sa position est au nord d'el Khargeh, à une lieue environ.

> a. Porte du premier pylône. (*Voyez* pl. XVIII, au point *1*.) Les constructions et l'enceinte qui devoient se ratta-cher à cette porte et aux suivantes, n'existent plus.
>
> b. Montant de gauche du premier pylône, sur lequel sont gravées les inscriptions *(fig. 7 et 8 de la pl. XXIII)*.
>
> c. Montant de droite, où se trouve la grande inscription de la planche XXIV.
>
> d. Porte du deuxième pylône.
>
> e. Porte du troisième pylône.
>
> f. Temple proprement dit.

Fɪɢ. 2.   Plan particulier du temple, à l'échelle ordinaire, ou *un deux-centième*.

> a. Salle découverte, semblable à l'enceinte à colonnes du temple d'Hermonthis.
>
> b. Entrée du grand portique. Cette entrée est remarquable par sa grande profondeur, analogue à celle de la salle hypostyle du palais de Karnak, bien que d'ail-leurs les dimensions du bâtiment soient très-infé-rieures.
>
> c. Grand portique de vingt colonnes.
>
> d. Second portique de quatre colonnes.
>
> e, f. Sanctuaire, divisé en deux parties.
>
> g, h, i. Plusieurs salles destinées au service du sanctuaire.
>
> k. Escalier conduisant sur la terrasse.

F

l, l.... Autres salles du temple.

m, m. Murs qui étoient destinés, ainsi que la porte n, à séparer le grand portique en deux parties. Il y avoit sans doute, par le même motif, des murs d'entre-colonnement en n′, n′.

o, p. Portes latérales, ouvertes du côté du nord.

q. Salle qui étoit peut-être destinée pour le gardien intérieur du temple. La symétrie en demande une pareille de l'autre côté.

r, r.... Quatre portions de la salle découverte, placée en avant du temple, qui sont encore en partie debout. On les a distinguées par deux tailles croisées ; le reste est détruit ou caché sous les sables.

A défaut de coupe générale du grand temple, il faut observer que le sol alloit en montant, depuis la première porte jusqu'à la salle découverte qui précède le temple proprement dit, à peu près comme au temple d'Edfoû et au *Memnonium* à Thèbes.

s. Portion de l'enceinte en briques crues, construite à la partie postérieure du temple.

PLANCHE XVIII.

Vue générale du grand Temple d'el Khargeh, et des environs.

Cette vue est prise au nord-est du temple. Le devant représente des dattiers, des palmiers *doum*, et une très-riche végétation, au milieu de laquelle ce beau temple est placé. Le terrain est cultivé au nord, à l'est et au sud, excepté au pourtour du monument, qui a été envahi par les sables. Consultez la planche XVII, fig. 1, pour le plan.

Sur le premier plan, à droite et à gauche, on remarque des parties de terrain qui ont été inondées par les eaux des sources.

1. Porte antérieure du grand temple, ou entrée du premier pylône.
2. Emplacement de deux inscriptions gravées *(pl. XXIII, fig. 7 et 8)*.
3. Grande inscription gravée *pl. XXIV*. (*Voyez* cette planche.)
4. Deuxième porte du temple, ou reste du deuxième pylône.
5. Portion de bâtisse moderne, en brique, sur la terrasse de la deuxième porte.
6. Autre inscription gravée sur une des pierres qui faisoient probablement partie du montant de droite de la deuxième porte. Ce montant est aujourd'hui renversé et enfoncé dans le sable; il paroît être tombé d'une pièce.
7. Troisième porte du temple.
8. Entrée du temple proprement dite. Dans le fond, on aperçoit une partie de la grande colonnade du premier portique.
9. Portion de corniche qui a probablement appartenu à la première porte.
10. Restes de l'enceinte antérieure. Les autres vestiges qui subsistent sont cachés par la troisième porte. (*Voyez* pl. XIX.)
11. Tente du voyageur, chameaux de la caravane.

PLANCHE XIX.

Vue de la Façade du grand Temple d'el Khargeh.

Cette vue est prise de l'est.

La riche végétation des environs d'el Khargeh est moins productive aux environs du temple, que les sables encombrent tous les jours davantage; mais les palmiers y viennent très-beaux.

On voit ici les mêmes arbres que dans la planche précédente : ce sont principalement le dattier, le palmier doum, &c. Sous les *doum* qui sont à la droite, on voit la tente du voyageur.

1, 1'. Parties de la salle découverte ou enceinte antérieure, encore subsistantes. (*Voyez* en r, r, pl. XVII.)

   2. Habitans de l'Oasis occupés à déblayer les sables, à l'aide d'un instrument formé de montans et de traverses en bois. Leur costume est de laine, de l'espèce appelée, en Égypte, *zaa'bout.* (*Voyez* un détail, pl. XXII, fig. 4.)

   3. Femme du pays occupée à filer. (*Voyez* pl. XXII, fig. 5, pour un détail de la coiffure.)

   4. Partie de la grande colonnade du premier portique.

   5. Montant d'une des portes de la salle antérieure, à demi renversé. (*Voyez* pl. XVII, en r.)

PLANCHE XX.

1. *Porte de l'enceinte du grand Temple d'el Khargeh.* — 2, 3, 4. *Vues d'une Catacombe Égyptienne et d'un Tombeau Romain des environs.*

FIG. 1.   Cette porte est pratiquée dans l'enceinte du grand temple d'el Khargeh, derrière le sanctuaire. On remarque une très-grande pierre qui sert de couronnement à cette porte; ce qui semble annoncer l'antiquité du monument.

FIG. 2.   Vue extérieure d'un hypogée ou tombeau Égyptien, l'un de ceux qui sont creusés dans le rocher, à l'est d'el Gabâouet. (*Voyez* la carte, pl. X.) Ces tombeaux sont pareils à ceux de Lycopolis en Égypte; il n'y a point d'hiéroglyphes sculptés.

FIG. 3.   Vue intérieure de l'hypogée. La coupe est censée faite au-delà de la porte, parallèlement à la façade.

        1, 1', 1". Ouvertures des puits à momies. Ces puits sont pratiqués à fleur du sol, comme ceux des hypogées de Thèbes et de Syout.

           L'élévation et la coupe suffisent pour donner une idée du plan.

FIG. 4.   Vue d'un tombeau Romain, non loin du grand temple d'el Khargeh. La vue est prise du sud.

G

PLANCHE XXI.

Vue des Tombeaux Romains à el Gabâouet, au nord-ouest
d'el Khargeh, prise du côté du sud.

Ces tombeaux sont situés sur la montagne Libyque, vers le nord-ouest, et distribués à différentes hauteurs : plus à l'est, sont les tombeaux Égyptiens.

La grande enceinte qui occupe le premier plan est en brique, ainsi que les autres tombeaux que l'on voit en arrière. Les ouvertures triangulaires qu'on aperçoit sur les murs sont peu profondes. Le sol des tombeaux est jonché de débris et de décombres.

La gravure exprime fidèlement l'aspect des sables, qui descendent par degrés dans l'intérieur de l'Oasis. Les tombeaux Romains sont beaucoup moins encombrés que les édifices d'el Khargeh, et particulièrement le grand temple.

1. On ignore quelle est cette construction ruinée vue dans le lointain.

PLANCHE XXII.

1. *Monument au sud du grand Temple d'el Khargeh.*
— 2, 3. *Enceinte Romaine, à quatre lieues au nord-est.*
— 4, 5. *Détails de l'Oasis.*

FIG. 1.   Monument de style Égyptien, très-près et au sud du grand temple. La vue est prise au sud. Cette construction est sans hiéroglyphes : la proportion en est petite ; les colonnes ont environ un pied de diamètre. La partie à gauche du terrain est cultivée jusqu'en haut , et plus boisée qu'on ne l'a exprimé dans la gravure.

> *1.* Porte qui a été à demi renversée, et qui est tombée tout d'une pièce.

FIG. 2.   Plan d'une vaste enceinte Romaine ou camp fortifié, bâti en brique, situé à quatre lieues au nord-est d'el Khargeh : ce point est le premier de l'Oasis, en venant d'Abydus.

> a. Emplacement d'une rampe qui conduisoit à la partie supérieure.

FIG. 3.   Vue de l'enceinte, prise du côté du nord.

On voit, derrière, la tente du voyageur : entre celle-ci et le fort, il y a un puits fréquenté par les Arabes. Sur le devant et autour de l'enceinte, il existe de grands amas de poteries brisées. Il est à remarquer que l'entrée du fort est du côté de l'ouest, opposé à la route venant d'Égypte.

Dans le fond, on aperçoit les hauteurs de l'Oasis.

> *1.* Ancien couvent Copte, où se trouve une inscription Grecque.

> *2.* Ruines de plusieurs couvens Coptes.

> *3.* Emplacement d'un puits derrière l'enceinte. La perspective ne permet pas de l'apercevoir.

Fɪɢ. 4.   L'usage de cet instrument se voit dans la planche **XIX**. Il est composé de deux forts montans en bois, liés par des traverses, et en bas par une large planche. Un homme l'enfonce dans le sable ; l'autre le tire à lui, à l'aide d'une corde, et il entraîne en même temps le sable placé en avant.

Fɪɢ. 5.   Longue coiffure en forme de camail, dont les femmes de l'Oasis ont coutume de se couvrir la tête pour s'abriter du soleil. C'est une étoffe de coton garnie de coquillages.

PLANCHE XXIII.

------

1 à 6. *Inscriptions de Douch el Qala'h ; — 7, 8. de la première porte du grand Temple d'el Khargeh ; — 9, 10. d'el Gabâouet ; — 11. des environs de l'Enceinte Romaine.*

Fig. 1.   Inscription copiée sur la porte du temple Égyptien situé à trois lieues au sud de Beyris, à Douch el Qala'h. L'inscription est sous la corniche.

Fig. 2, 2'.   Inscriptions copiées sur la même porte, à gauche en entrant.

Fig. 3, 4, 5, 6.   Inscriptions copiées sous une voûte peinte, auprès du même temple. L'inscription 6 est tracée à la naissance de la voûte, entre deux colonnes d'hiéroglyphes. (*Voyez* pl. XIII, fig. 4.)

Fig. 7.   Inscription copiée sur la première porte du grand temple d'el Khargeh. (*Voyez* pl. XVIII, au point 2.)

Fig. 8.   Inscription copiée sur la même porte et auprès de la précédente.

Ces deux dernières inscriptions occupent la hauteur d'une assise; les caractères sont à peu près de la même proportion que ceux de l'inscription suivante, qui occupe trois assises de hauteur.

Au-dessus de ces deux inscriptions se trouve la dernière ligne d'une autre inscription, dont le commencement étoit sur des assises supérieures aujourd'hui démolies.

Fig. 9, 10.   Inscriptions copiées dans les tombeaux appelés *el Gabâouet.*

Fig. 11.   Inscription copiée sur un bâtiment ruiné, près de l'enceinte Romaine.

H

PLANCHE XXIV.

Inscription copiée sur la première porte du grand Temple d'el Khargeh, à droite en entrant.

Cette grande inscription, qui avoit près de neuf mille lettres, se lit sur le montant de droite de la première porte et à la partie supérieure. Les lettres des premières lignes ont près de 7 centimètres de haut [2 pouces $\frac{1}{2}$] ; les dernières lettres n'ont plus que 2 centimètres $\frac{1}{4}$ [1 pouce]. L'étendue totale qu'elle occupe en hauteur est d'environ 2^m,45 [7 pieds $\frac{1}{2}$] ; sa largeur est à peu près de 2 mètres [6 pieds 2 pouces environ] : elle remplit trois assises.

Voyez la planche XVIII, au point *3*. *Voyez* aussi la Relation du voyage et la traduction de cette belle inscription, qui est une des découvertes les plus importantes de M. Cailliaud.

D'après la place qu'occupe l'inscription, il devoit y avoir un peu d'inclinaison dans le côté à droite; mais cette inclinaison ne pouvoit être sensible dans la gravure, à cause de l'altération des lettres finales.

> *Nota.* Il n'a pas été possible, à cause du format de l'ouvrage, d'observer la même échelle dans toutes les parties de la gravure.

NOTICES GÉOGRAPHIQUES.

CARTE

DU PAYS SITUÉ ENTRE LA THÉBAÏDE ET LA MER ROUGE.

(Planche Iʳᵉ)

N. B. Il est nécessaire, pour l'intelligence de ce qui suit, de n'être pas étranger à la géographie de l'Égypte et de connoître les Mémoires de d'Anville, au moins ce qui est relatif à cette partie du cours du Nil et de la mer Rouge.

Pour tirer le meilleur parti possible de l'itinéraire de M. Cailliaud, du Nil à la mer Rouge vers le parallèle d'Edfoû, j'ai dû, avant tout, chercher à fixer le point le plus oriental de sa route. Ce lieu est la mine de soufre appelée en arabe *Gebel Kebryt*, et située à un quart d'heure de la mer Rouge, vers le 33.ᵉ degré à l'orient de Paris : il n'est pas éloigné d'un point connu des navigateurs sous le nom de *Sial*. Dans la carte de lord Valentia, l'une des plus récentes, ainsi que dans celle de d'Anville (golfe Arabique), le point de *Sial* est marqué, et non la montagne de soufre ; mais celle-ci figure sous le nom de *Mont Jaune* dans la carte du vice-amiral Rosily et dans la carte générale de l'Égypte. Le nom de *Sial* ou *Seyal* n'est autre chose que celui de l'arbre appelé *acacia ;* et, comme il n'y a en cet endroit aucun lieu habité, je ne fais pas le moindre doute que les pilotes Arabes n'aient fourni ce nom aux navigateurs, seulement parce qu'il s'y trouve des acacias. En effet, la carte esquissée par M. Cailliaud dessine, en cet endroit, un vallon qui renferme beaucoup d'arbres pareils, sur lesquels les Arabes recueillent de la gomme ; on en verra plusieurs gravés dans les planches IV, VI, VII. Auprès de ce lieu, toutes les cartes placent une anse, et j'en vois une également auprès de la mine de soufre et du vallon de Seyal. D'après ces motifs, la longitude de Gebel Kebryt doit peu différer de celle du point de Sial dans les bonnes cartes. D'Anville l'a placé à 32° 30′ [52° 30′], ce qui est trop à l'ouest ; le vice-amiral Rosily, à 30° 55′ (1) ; lord Valentia,

---

(1) *Voyez* la carte du golfe de Suez, et la carte générale de la mer Rouge, dressée d'après les observations du vice-amiral Rosily, en quatre feuilles, 1798. La carte de La Rochette, *Londres*, 1785, est bonne aussi à consulter.

dans sa carte de la mer Rouge, à 33°, ce qui est un peu trop à l'est. Il m'a semblé qu'on devoit trouver l'exactitude entre ces positions, c'est-à-dire, vers 30° 50 ou 55′. Quant à la position de ce point en latitude, je trouve qu'elle est également de 24° 25′ dans les cartes de d'Anville, de M. Rosily, de lord Valentia, et dans la carte générale de l'Égypte : en outre, M. Cailliaud compte soixante lieues de ce point à Qoceyr; cette distance coïncide fort bien avec la latitude de 24° 25′.

Mais l'incertitude est telle sur la côte occidentale de la mer Rouge, surtout dans cette partie du golfe, qu'une pareille détermination seroit encore peu sûre, si l'on n'avoit pas une autre donnée pour la vérifier. La double route de M. Cailliaud m'a fourni cette donnée. Arrivé au Gebel Kebryt le 12 novembre 1816, M. Cailliaud repartit le lendemain pour l'Égypte, en faisant route à l'ouest et à l'ouest-nord-ouest, sans détours sensibles; il arriva au Nil le 19, à quatre heures du soir, après avoir marché en tout soixante-trois heures et demie. L'étude que j'ai faite des marches dans le désert, et particulièrement de celles de M. Cailliaud, prouve que les heures de marche équivalent aux six septièmes d'une lieue commune de 25 au degré; la journée moyenne est de neuf heures, environ sept lieues et demie. Cette règle ne s'applique pas aux caravanes considérables ni aux pays très-montagneux; dans ces derniers cas, le rapport est à peu près de 4 à 5 entre la lieue de 25 au degré et l'heure de marche. Or la position que j'ai donnée à Gebel Kebryt, est à cinquante-six lieues du Nil en suivant la vallée du sud que M. Cailliaud a parcourue. Cette distance correspond, à une heure près, au nombre des heures de la route.

La position du mont Zabarah ou de la mine d'émeraude a ensuite fixé mon attention. Ce point, par l'importance de sa position, méritoit qu'on y fît des observations astronomiques : mais le voyageur étoit dépourvu d'instrumens à prendre des hauteurs, quand il a fait ses premières excursions; je suis donc réduit à combiner ensemble les données des trois routes de M. Cailliaud. Le 2 novembre 1816, il partit de Redesyeh, au midi d'Edfoû, en faisant d'abord route à l'est; après avoir marché sept jours, en tirant un peu vers le sud, il arriva au mont Zabarah : la route totale avoit été de cinquante-deux heures. Ce n'est pas assez de placer la montagne d'après cette distance, eu égard aux sinuosités du chemin et au pays montagneux; il faut encore qu'elle se trouve bien située par rapport à Gebel Kebryt : or M. Cailliaud a mis environ vingt-deux heures pour se rendre du mont Zabarah à la mine de soufre, en suivant diverses directions qui sont indiquées sur la route; on trouvera cette distance exactement sur ma carte. Enfin il existe un moyen de vérification dans deux intervalles rapportés par M. Cailliaud : le mont Zabarah, selon lui, est à sept lieues de la mer et à quarante-cinq lieues de Qoceyr; on trouvera encore sur la carte ces deux distances avec exactitude.

Tous les autres points du pays parcouru par M. Cailliaud étant liés aux deux précédens, il m'a suffi de suivre sa route en détail pour les tracer successivement sur la carte : j'ai marqué toutes les stations ou journées du voyageur par des chiffres ; elles sont au nombre de dix-sept. On lui doit d'avoir fait connoître deux chemins fréquentés par les Arabes *A'bâbdeh*, sans doute aussi par les caravanes, et qui sont des embranchemens de la route des mines d'émeraude : ils font communiquer les Oasis et les pays de l'ouest avec la mer Rouge à Qoceyr, et cela par une voie beaucoup plus courte que celle qui suit la vallée de ce nom, après avoir descendu le Nil jusqu'à Qeft ou Coptos. La différence est, pour le premier, dans le rapport de 2 à 3, à cause du grand coude au nord-ouest que fait le Nil à Edfoû. Le second de ces chemins est indiqué par deux petites pyramides, ouvrage moderne exécuté en maçonnerie. Un troisième chemin encore se dirige à Qoceyr, en partant du mont Zabarah.

On ne rencontre que deux sources de Redesyeh aux mines d'émeraude, l'une à quatre lieues du Nil, l'autre à vingt-deux : c'est auprès de celle-ci que se trouvent les rochers portant des sculptures et des inscriptions en hiéroglyphes. Pendant le reste du chemin, il faut s'abreuver avec les outres qu'on porte à dos de chameau. Sur la route des mines, on rencontre trois anciennes stations, avec des enceintes qui prouvent que la route a été pratiquée très-anciennement, sans doute pour le service de l'exploitation. Mais le point de cette route le plus important est un temple Égyptien, en partie bâti et en partie creusé dans le roc, tout couvert de sculptures et de peintures d'un aussi bon travail que celles de Thèbes. Sa distance au Nil est de treize lieues à l'est-sud-est d'Edfoû.

Le mont Zabarah se trouve entre deux ruines, restes de deux petites villes qui servoient probablement de résidence aux mineurs et aux autres personnes chargées de l'exploitation. Toutes deux portent aujourd'hui le nom commun de *Bendar*, mot Persan qui a le sens de *ville marchande* ou *lieu de commerce* ; elles se distinguent par les surnoms de *grande* et de *petite*. La principale de ces ruines renferme quelques monumens qui sont décrits dans la Relation : celle-ci porte aussi le nom de *Sekket*, peut-être à cause de sa proximité par rapport à l'ancienne route ; sa position est à six heures environ au sud-est du mont Zabarah : peut-être aussi ce nom a-t-il une origine plus ancienne (1).

Sur la route de la mine de soufre au Nil, on trouve, comme dans celle du nord, deux sources et plusieurs espèces d'arbres ; çà et là elle est sillonnée par des torrens : ces détails sont exprimés sur la carte. J'ai tiré les autres parties du désert et de la côte, depuis Chaouinah jusqu'à la montagne de soufre, soit de l'esquisse de M. Cailliaud, soit de son itinéraire.

Quant à la vallée de Qoceyr, à la côte de la mer Rouge au nord ou au

(1) *Voyez* les inscriptions.

midi de cet espace, et à la vallée du Nil, je les ai puisées dans la carte du vice-amiral Rosily, et dans la carte générale de l'Égypte que M. le colonel Jacotin a rédigée d'après les meilleures connues. Pour la portion de la Nubie, je me suis servi de la carte que le colonel Leake a dressée pour les Voyages de Burckhardt.

Il me reste à parler de la route de Coptos à la mer Rouge, que j'ai tracée en faisant usage des stations antiques découvertes par M. Cailliaud; mais, avant de traiter ce qui regarde cette ancienne route du commerce, je dois entrer encore dans quelques discussions propres à confirmer la construction de ma carte. Bruce, voyageur trop vanté et trop rabaissé peut-être, a placé Jibbel-Siberget ou Zumrud [la montagne des Émeraudes] à 25° 3′ de latitude (1); on y trouve, selon lui, ainsi que sur le continent qui l'avoisine, une substance verte, cristalline et transparente. Dans son *Voyage en Abyssinie* (2), lord Valentia reproche à Bruce d'avoir placé ce point à une latitude beaucoup trop haute : sa position bien connue, dit-il, est à 23° 48′, dans l'intérieur du golfe appelé *Foul bay*. Il y a ici un mal-entendu; l'île dite *des Émeraudes*, au midi du cap Nose [Râs el Enf], ne peut être confondue avec l'île dont parle Bruce et la côte voisine, pas plus qu'avec la montagne des Émeraudes que M. Cailliaud a découverte, et qui s'étend du 24.° degré 30′ au 24.° degré 45′ environ : pourquoi ne seroit-ce pas de cette montagne que Bruce a parlé, mêlant sans doute ensemble, d'après les Arabes, les détails propres à l'île et au continent voisin? En effet, il parle de puits d'émeraude d'une médiocre ouverture, avec d'autres circonstances précisément semblables à celles du récit de M. Cailliaud : à la vérité, il y auroit encore une erreur d'un quart de degré, ainsi que dans Ptolémée; mais il y a loin de là à une erreur d'un degré un quart, qui seroit bien extraordinaire. D'ailleurs la montagne des Émeraudes pourroit bien s'étendre au nord de Bendar el Soghayr, limite de la course de M. Cailliaud. En effet, d'après la carte Portugaise et d'après celle du vice-amiral Rosily, il existe au 25.° degré une montagne du nom de *Montagne Rouge*, près de Sakarah, et ce dernier lieu est à 25° 3′. On voit même sur cette dernière carte une chaîne qui s'étend plus au nord avec le nom de *Mont des Émeraudes*, et c'est là que ce navigateur s'est le plus approché de la côte.

Quant à Ptolémée, qui plaçoit *Smaragdus mons* à 25° de latitude, si on fait à la latitude de 25° la correction qui est reconnue nécessaire, elle sera précisément celle que j'ai trouvée pour l'extrémité du mont Zabarah, selon notre voyageur.

Presque tout ce que dit Bruce au sujet des mines, des puits, des débris d'antiquités et des ruines qui sont dans le voisinage, est d'une exactitude remarquable, même jusqu'à la description de l'émeraude d'Égypte, si on

(1) Tome I, page 227 de la traduction Française, in-4.°   (2) Tom. II, page 328, *in-4.°*, Londres, 1809.

l'applique au mont Zabarah. C'est donc bien à tort que l'on juge que son récit est d'une extrême invraisemblance, et même une pure fiction (1).

D'Anville n'échappe pas davantage à la critique de lord Valentia, pour avoir placé *Maaden Uzzumurud*, ou les mines d'émeraude, à 24° 45′, c'est-à-dire, presque au point même où M. Cailliaud les a trouvées effectivement : il l'avoit fait d'après une carte Turque manuscrite dressée à Soueys même ; ce qui montre à-la-fois le mérite de cette carte et le discernement de notre célèbre géographe. Ainsi nous voyons que M. Cailliaud, et même Bruce, ont confirmé la carte de d'Anville (je ne parle pas de Ptolémée) ; il y a donc une seconde méprise ajoutée à la première, quand on accuse Bruce d'avoir inventé une fable, et d'Anville, de l'avoir induit en erreur. Au reste, je suis loin de défendre sur tout point l'exactitude ou même la véracité du voyageur Anglais ; il faut avouer que, si l'on plaçoit le vrai *Jibbel Zumrud* dans une *île*, on confondroit deux lieux très-distans, ainsi que le prouve très-bien la discussion de lord Valentia, savoir, l'île dite *des Émeraudes* ou *Kornaka* du journal de D. Juan de Castro, et ce qu'on nomme *la Montagne Rouge*, position qui diffère peu de celle du mont Zabarah. Cette montagne rouge est sans doute une de celles qui ont donné leur nom au golfe Arabique ; au rapport d'Agatharchides et de Diodore de Sicile, sa couleur rouge étoit si éclatante, que les yeux en étoient blessés. Il faut ajouter que Bruce a eu une idée juste, mais confuse, de la côte, puisqu'il donne au lieu où gît la véritable montagne d'émeraude le nom de *Saïel* ou *Seïal*, nom qui, d'après sa remarque très-juste, n'est pas autre chose que celui de l'acacia : or Seïal est nécessairement sur le continent.

Ici le témoignage de Strabon ne doit pas être oublié. Après avoir décrit l'isthme, c'est-à-dire l'espace, plus étroit qu'ailleurs, qui sépare le Nil de la mer Rouge, il ajoute : « C'est dans l'étendue de cet isthme que sont les mines » d'émeraudes et d'autres pierres précieuses que les Arabes retirent en creu- » sant des canaux souterrains très-profonds (2). » Rien de plus exact que cette description concise, et en même temps de plus conforme aux nouvelles décou- vertes ; mais il faut donner une certaine extension à l'espace occupé par cet isthme. En effet, si l'on examine une bonne carte du cours du Nil et de la mer Rouge jusqu'au 20.ᵉ ou au 21.ᵉ degré, on s'aperçoit que c'est précisément à la hauteur de Kostam en Nubie, et du port Abyssin (au fond du golfe), que le Nil et la mer Arabique s'écartent considérablement, après avoir jusque là peu divergé l'un de l'autre, depuis Samaloût dans l'Égypte moyenne. Dans tout cet espace, la moindre distance de la mer au fleuve est d'un degré (3) ; la plus grande est de 2° 45′ (au cap Nose) : mais, à la hauteur du port Abyssin, la mer se dirige tout-à-fait dans l'est ou est-sud-est ; et le Nil, de son côté, au sud-ouest jusqu'à Soleb, c'est-à-dire, pendant plus de

(1) Tome II, page 328, *in-4.*ᵉ   tome V de la trad. Française de Strabon , pag. 421.
(2) Liv. XVII, page 815, édition de Paris, 1620 ;   (3) C'est à Kallalma ; elle est de 1° 15′ à Qoceyr.

cent lieues. Ici, la plus grande distance du fleuve à la mer Rouge n'est pas moindre que 7 degrés de longitude.

Ce qui prouve que l'isthme doit s'étendre bien au-delà du parallèle de Coptos, c'est que l'auteur y comprend d'autres pierres précieuses comparables à l'émeraude : on ne peut entendre par-là que les topazes ; or on ne conteste point la position de *Topazos insula* dans le golfe qui est au midi de Râs el Enf, ou le cap Nose.

Si l'on ne vouloit pas étendre aussi loin les branches de l'isthme, on trouveroit encore un rétrécissement assez marqué à Redesyeh, d'une part, et à Chaouinah, de l'autre : à cette hauteur, le Nil, qui avoit coulé au nord, se porte au sud-ouest, et la mer se jette au sud-est ; c'est un fait que la carte rend très-sensible.

Quant à l'île Macowar de Bruce, placée vers 24° 2′, je ne doute pas de son identité avec la grande île de Kornaka, qu'on a surnommée *île des Émeraudes,* sans que je voie de raison légitime pour cette appellation : il n'avoit nullement en vue cette île *Macouar* que lord Valentia, dans sa navigation, a serrée d'assez près, sans y toucher cependant, et qui est à un demi-degré d'Alaki ou Salaka, l'ancienne *Berenice Panchrysos,* selon d'Anville et le docteur Vincent (1). La différence des deux positions est de près de trois degrés et demi, et l'on conviendra sans peine que Bruce étoit incapable de commettre une erreur aussi grossière.

M. Cailliaud a vu assez près du rivage, à l'est du mont Zabarah, une île couverte d'arbres et inhabitée : il est probable que cette île est celle que Bruce a décrite sous le nom de *Siberget ;* c'est la même que celle à laquelle d'Anville a donné le nom d'*Iambe* d'après Pline. Il est fâcheux que notre voyageur n'ait pu s'y transporter, étant dans une position bien favorable pour observer les lieux ; mais il manquoit peut-être des moyens de se procurer une barque.

Le journal de la navigation de D. Juan de Castro est encore aujourd'hui le document le plus détaillé pour cette partie du golfe Arabique, principalement depuis le grand golfe où l'on croit qu'étoit Bérénice, jusqu'à Qoceyr ; il est même le seul moderne, ainsi que l'observe lord Valentia, qui ait décrit cette côte, pour l'avoir vue point par point ; il y a reconnu sept à huit ports plus ou moins grands, et il est singulier que, depuis, nous n'en ayons reçu aucune notion exacte. En comparant néanmoins avec soin les données de la carte Portugaise avec les cartes de d'Anville, du vice-amiral Rosily, de lord Valentia, &c. on peut, je crois, retrouver assez bien les positions de l'antiquité ; et, pour s'en tenir ici au passage d'Arrien qui fixe l'intervalle de Bérénice à Myos Hormos à dix-huit cents stades (2), je retrouve cette distance (3), qui

(1) Voyez le *Voyage* de Bruce, tom. I, pag. 227 et suiv.

(2) *Périple de la mer Érythrée.*

(3) *Voyez* mes Recherches sur la géographie ancienne et comparée de l'Égypte, où je montre que cette distance est mesurée entre les parallèles.

est visiblement un nombre rond, entre l'origine du golfe où est le port Abyssin (situé à 24°, selon d'Anville, d'après la carte Portugaise et la carte
Turque), et le port situé sous le 27.ᵉ degré, où M. Rozière, dans son savant
*Mémoire sur la géographie comparée et l'ancien état des côtes de la mer
Rouge* (1), a placé Myos Hormos. Cette dernière position est fondée sur
les observations nouvelles des ingénieurs Français, et d'accord avec la géographie de d'Anville. Déjà les Portugais avoient fait connoître en ce même
lieu un port accompagné de trois îles ; ce qui se rapporte bien avec les descriptions anciennes. Enfin le vice-amiral Rosily, en 1787, avoit reconnu au
même point un très-bon port, avec plusieurs îles en face (2). Je sais que
M. Gossellin et d'autres savans, s'écartant du sentiment de d'Anville, ont placé
Myos Hormos au vieux Qoceyr, par ce motif que l'entrepôt de Coptos devoit
être le point de la mer le plus voisin. J'admets cette condition dans toute sa
rigueur, et je maintiens cependant Myos Hormos au 27.ᵉ parallèle ; car
on trouvera sur la carte la même distance directe de Coptos à Qoceyr, et
de Coptos au port des îles Gafatines, sans parler du grand coude qu'il faut
faire dans la première direction pour aller chercher la Gytah. A l'égard de
Bérénice, les traducteurs Français de Strabon ont justement allégué différens
motifs qui s'opposent à ce qu'on remonte cette ville à la latitude de Coptos:
il y a même un passage de S. Épiphane que ces savans ont cité, et qui paroît
décisif ; c'est la proximité de Bérénice, de Talmis et de la *région Éléphantine* (3). Il faut donc avouer que, hors Strabon et peut-être Artémidore,
toutes les autorités sont unanimes pour placer Bérénice dans la région du
tropique. Ce qui me reste à dire sur l'ancienne route de Coptos contribuera,
je pense, à lever les incertitudes.

A l'égard de Qoceyr, j'ai dû maintenir la longitude à 31° 44′ 15″, ainsi
que dans la carte générale de l'Égypte, et à peu près comme dans celle de
d'Anville, bien que lord Valentia s'accorde avec Bruce, avec le vice-amiral
Rosily et avec des cartes récentes, pour reculer ce point de 9 à 10′, ou même
encore plus à l'est. En effet, la distance qui en résulte entre Qeneh et Qoceyr
est tout ce que peut fournir la marche de M. Rozière (4). Il en est de même
de la triple route de M. Caillaud : si l'on écartoit la position de Qoceyr plus
à l'est, toute la côte qui s'y trouve liée reculeroit en même temps, et les journées du voyageur se trouveroient beaucoup trop longues ; déjà elles me
paroissent un peu fortes.

Selon la reconnoissance de D. Juan de Castro, il y a au midi du port de
Sakarah un autre port assez vaste, appelé *Chaunah* ou *Chaouinah*, où avoit

(1) *Description de l'Égypte*, Antiquités-Mémoires, tom. I, pag. 127 et 221.

(2) *Voyez* la carte générale de la mer Rouge, dressée d'après les observations du vice-amiral Rosily, en quatre feuilles, 1798.

(3) *Voyez* ma carte, et, dans la *Description de*

l'Égypte, la Description de l'île d'Éléphantine, Antiq. chap. III, §. VI.

(4) *Description minéralogique de la vallée de Qo-ceyr*, dans la *Description de l'Égypte*, Hist. nat. tom. II, pag. 83.

K

existé, au rapport des gens du lieu, une ville païenne : c'est, en effet, à peu
de distance de là que M. Cailliaud a trouvé les restes d'une ancienne ville,
celle qui étoit au nord des mines d'émeraude, et qu'on trouvera désignée
sur la carte par le nom de *Bendar el Soghayr,* par opposition au grand
Bendar ou Sekket. Il seroit possible de trouver dans les anciens auteurs un
lieu correspondant à cette position; mais la recherche en seroit ici superflue
ou déplacée, et je me hâte de passer à la dernière question qu'il me reste à
examiner.

J'ai tracé sur ma carte l'ancienne route du commerce, de Coptos à la mer
Rouge, et, comme l'a fait d'Anville, j'ai dirigé cette route obliquement vers
le tropique. Ce n'est pas que je prétende que cette direction ait dans tous
les temps été suivie par le commerce ; mais il me paroît difficile de ne pas
admettre qu'elle a été pratiquée à une certaine époque, pendant un temps
plus ou moins long.

En effet, Pline et les tables itinéraires s'accordent à donner une distance
de deux cent cinquante-huit milles Romains entre Coptos et Bérénice, avec
le détail des journées et celui des stations, au nombre de douze, où les
caravanes faisoient leur provision d'eau. Ptolémée, Pline, Strabon même au
livre II, placent la dernière station de la route, soit sous le tropique, soit
dans le voisinage. Il y a donc nécessité de diriger à travers le désert une
ligne de route oblique, allant au sud-est, à partir de Coptos ; et, si de ce
point on prend une ouverture de compas de seize milles, qu'on l'applique
seize fois sur cette ligne, on tombera, soit sur le port Abyssin, où d'Anville
et M. Gossellin ont placé Bérénice, soit sur d'autres points voisins du grand
golfe où ce port est placé.

Mais on avoit ignoré jusqu'ici l'existence d'une route effectivement tracée
et existante dans cette direction, et la ligne marquée par les cartes étoit,
pour ainsi dire, idéale. On doit à M. Cailliaud d'avoir découvert deux stations qui, par leur position respective et par les distances qui les séparent
des deux extrémités de la route, lèvent presque tous les doutes. En faisant
cette intéressante découverte, il est venu confirmer la justesse des anciens
itinéraires, le témoignage des auteurs, et en même temps donner une nouvelle preuve de la sagacité de notre illustre d'Anville.

En allant du Nil au mont Zabarah, dans son premier voyage, M. Cailliaud
avoit traversé la direction de la route ancienne sans en remarquer aucun
vestige : mais, en revenant au Nil, il trouva une enceinte en partie ruinée,
avec un puits dans l'intérieur ; elle portoit le caractère évident d'une station
antique ; elle se trouvoit sur une route frayée. Les Arabes lui dirent qu'on
en trouvoit de semblables en allant vers Qeft (ou Coptos), et qu'en marchant
au sud-est, c'est-à-dire, en continuant vers le tropique, il en existoit encore
d'autres pareilles ; qu'ensuite on arrivoit à la montagne d'Elbé et aux ruines
d'une grande ville.

Dans un second voyage aux mines d'émeraude, à peu près à moitié chemin, M. Cailliaud quitta la première direction et tourna plus au nord. Après une journée de marche, il rencontra une nouvelle station, pareille à la première, également située sur un chemin frayé; c'étoit visiblement une de celles que les Arabes avoient indiquées sur le chemin de Coptos. Ainsi plus de doute sur l'existence ou la direction d'une route oblique de Coptos à la mer Rouge (1).

Cependant il falloit, sur une bonne carte, assujettir ces deux points et l'ensemble de l'itinéraire de M. Cailliaud aux positions bien connues; c'est ce que j'ai essayé de faire avec tout le soin possible en construisant la carte que je donne aujourd'hui, et que je ne regarde cependant que comme un essai, d'autant plus que je ne puis répondre avec une certitude suffisante de l'une des extrémités de la route antique. En effet, à partir de la huitième station, la côte est perpendiculaire à la direction, et la distance est sensiblement la même, soit qu'on se porte un peu plus au sud, soit qu'on aille un peu plus à l'est.

Quoi qu'il en soit, d'après la construction de l'itinéraire de notre voyageur, la première des stations antiques dont j'ai parlé se trouve à vingt-quatre lieues communes de la mer Rouge et dans la direction oblique de Coptos. Convertie en milles Romains, cette distance représente soixante-douze milles : or l'Itinéraire d'Antonin donne, entre *Apollinis Hydræum* (ou la huitième station) et Bérénice (ou la dernière), trois distances dont la somme est de soixante-douze milles.

> Apollinis Hydræum......
> Cabalsi...............   xxvii.
> Cænon Hydreuma.......   xxvii.
> Berenice.............   xviii.

L'autre station est placée à trente-huit lieues de l'ancienne Coptos; ces trente-huit lieues font cent quatorze milles Romains. Or l'Itinéraire porte ce qui suit :

> Coptos...............
> Phœnicon...............   xxiv.
> Didyme...............   xxiv.
> Aphrodito.............   xx.
> Compasi.............   xxii.
> Jovis Hydræum.........   xxiii.

Total, cent treize milles; un mille de plus ou de moins est bien peu de chose sur une pareille distance. Voilà donc la position de *Jovis Hydræum* trouvée et assurée; cependant il faut encore, pour confirmation, que la distance entre

(1) *Voyez* la carte, pl. 1.ʳ

ces deux *Hydræum* coïncide avec l'Itinéraire. Or je trouve dans celui-ci
soixante-treize milles :

> Jovis Hydræum.........
> Aristonis............... xxv.
> Phalacrum............. xxv.
> Apollinis Hydræum...... xxiii.

Ces soixante-treize milles répondent à vingt-quatre lieues un tiers. La carte
donne vingt-trois lieues et demie ; ce qui est sans doute une conformité bien
suffisante. On retrouve donc, à un mille et demi près [ou une demi-lieue],
la mesure entière de cette longue route.

Ainsi, 1.° voilà deux points d'une ancienne route, venant obliquement de
Coptos, à travers le désert ; 2.° la ligne qui passe par Coptos et par ces deux
points se dirige au tropique, sur le grand golfe qui est entre le 23.° et le
24.° parallèle ; 3.° en suivant cette ligne au-delà du point le plus méridional,
on trouve, selon les Arabes, les ruines d'une ville ancienne.

Il n'est pas hors de propos d'éclaircir quelques différences qui existent
entre les deux leçons de l'Itinéraire, ainsi qu'entre celles-ci et la Table
Théodosienne. Déjà d'Anville avoit reconnu la nécessité de corriger la
distance xxxiii du *codex Blandinianus* en xxiii, ainsi qu'on le trouve dans
le *codex Regius*, et la distance xxvii (de *Coptos à Phœnicon*) en xxiv ;
mais il faut encore, même dans le *codex Regius*, faire trois rectifications
indispensables. 1.° De *Jovis Hydræum* à *Aristonis*, et d'*Aristonis* à *Pha-
lacrum*, ce manuscrit porte deux fois xxx ; il faut xxv, comme dans l'autre
manuscrit : si l'on en doutoit, il faut considérer la Table Théodosienne,
qui porte en cet endroit xxiv et non xxx. 2.° Le même manuscrit porte
entre *Jovis Hydræum* et *Cabalsi*, xxiv ; il faut xxvii, comme dans l'autre.

Dans la Table Théodosienne, qui porte xii à la première mansion et xv
à la quatrième, il faut lire nécessairement xxii et xxv.

Examinons maintenant le passage de Pline de plus près qu'on ne l'a fait
encore, et avec la carte sous les yeux ; nous y trouverons, malgré des lacunes
évidentes, une confirmation à peu près complète de tout ce qui précède ; le
passage est important à citer :

*A Copto camelis itur, aquationum ratione mansionibus dispositis.
Prima appellatur* Hydreuma, xxxii m. *Secunda in monte, diei itinere.
Tertia in altero hydreumate, à Copto* xcv m. *Deinde in monte. Mox
ad hydreuma Apollinis, à Copto* clxxxiiii m. p. *Rursus in monte. Mox
ad novum hydreuma, à Copto* ccxxxiii m. p. *Est et aliud hydreuma
vetus,* Troglodyticum *nominatur : ubi præsidium excubat diverticulo* ii m.
Distat à novo hydreumate iiii m. p. *Inde Berenice oppidum, ubi portus
Rubri maris, à Copto* cclviii m. p. *Sed, quia major pars itineris conficitur*

noctibus propter æstus, et stativis dies absumuntur, totum à Copto Bere-
nicen iter XII die peragitur. (Plin. *Hist. nat.* lib. VI, cap. 23.)

La première mansion, selon Pline, est plus éloignée de Coptos de huit
milles que la première station des itinéraires. La seconde, à un jour de là,
est dans la montagne : la marche est très-forte, et cette station tombe sur
Aphrodito, à trente-six milles de la première. La troisième est à quatre-
vingt-quinze milles de Coptos : elle correspond sûrement à *Compasi*,
quoique cinq milles au-delà. De ce point on arrive à *Hydræum Apollinis*,
à cent quatre-vingt-quatre milles de Coptos. Cette station est la huitième
dans les itinéraires : celui d'Antonin donne pour la position de cet *hydræum*
cent quatre-vingt-six milles, et la Table Théodosienne, cent quatre-vingt-cinq
milles ; la coïncidence ici laisse peu à desirer. « De là, dit Pline, on se rend
» à *Novum Hydreuma*, situé à deux cent trente-trois milles de Coptos. »
Selon la Table Théodosienne, *Cænon Hydreuma* est à deux cent trente-six
milles, et, selon l'Itinéraire d'Antonin, à deux cent quarante milles. Enfin
on trouve Bérénice à deux cent cinquante-huit milles de Coptos. L'avant-
dernière mansion pourroit paroître un peu déplacée ; mais il faut voir que
Pline parle aussi d'une ancienne station, *Hydreuma vetus*, qui étoit surnommée *Troglodytique*, située à six milles de *Novum Hydreuma* ; et
c'est à ce point, et non à *Cænon Hydreuma*, qu'est la station de la Table
Théodosienne.

Il est heureux que notre voyageur ait rencontré justement l'une des deux
stations que Pline a nommées, savoir, *Hydreuma Apollinis*, à cent quatre-
vingt-six milles [cent quatre-vingt-quatre] de Coptos, ou à soixante-douze
milles de Bérénice ; car, dans le reste, cet auteur omet les noms des stations,
et même, passé la troisième (qui paroît correspondre à la quatrième des itinéraires, ou *Compasi*), il ne fait plus mention des lieux de repos. Or il compte
douze journées de marche en tout : il faut que ces journées soient bien iné-
gales, puisque j'ai montré plus haut que la deuxième est de trente-six milles,
tandis que la journée moyenne, pour toute la route, n'est que de vingt-un
milles et demi. De ce que Pline dit qu'après la première station, après la
troisième et après *Hydræum Apollinis*, on voyage dans les montagnes, on
doit inférer que ces trois stations occupent des endroits beaucoup moins
élevés : mais, comme il y avoit par-tout des *hydræum (aquationum ratione
mansionibus dispositis)*, il ne faudroit pas, d'après Pline, se borner à tracer
sur la carte trois chaînes de montagnes. Il est infiniment probable qu'il y a
un grand nombre de coupures entre la chaîne Arabique et celle de la mer
Rouge. Outre la vallée de l'Égarement, celle de Bayâd et celle de Qoceyr,
que l'on connoissoit depuis long-temps, les ingénieurs Français en ont trouvé
une autre à l'ouest de Syout ; et M. Cailliaud, deux à l'orient d'Edfoû. Les
Arabes connoissent toutes les vallées transversales et leurs ramifications ; ils

L

connoissent aussi tous les points du désert où il y a de l'eau, et par consé-
quent, en s'associant à leurs courses comme a fait M. Cailliaud, on parviendroit à découvrir toutes les stations antiques : mais, au lieu de couper, ainsi
que lui, la direction de l'ancienne route en allant à l'est, il faudroit aller de
Qeneh au sud-est.

Je ne dois pas dissimuler que les Arabes *A'bâbdeh* rapportèrent à M. Cailliaud, quand il découvrit, le 14 novembre 1816, la station qui est, selon
moi, *Apollinis Hydræum*, que c'étoit la sixième en venant de Qeft ou
Coptos ; mais l'analyse des données et la construction de la carte montrent
que c'est la huitième. Il est à croire que deux aujourd'hui sont détruites,
et je présume que celles qui manquent sont *Aristonis* et *Didyme*. A l'égard
de la première, le fait est très-vraisemblable, puisque, dans son premier
voyage, M. Cailliaud ne passa qu'à une lieue ou deux de son ancien emplacement, et qu'il n'en eut aucune connoissance ; et, quant à la deuxième,
Pline fait voir qu'*Aphrodito* étoit de son temps la deuxième mansion : peut-
être *Didyme* étoit d'une moindre importance.

Je n'ai pas parlé, dans cette discussion, des autres ruines que M. Cailliaud
a reconnues sur sa route en allant du Nil à Gebel Zabarah, et qui sont composées d'enceintes et de puits comme les autres, mais paroissent moins anciennes. Trois d'entre elles appartiennent aussi à des stations. Quoiqu'il ne
soit pas possible de fixer ses idées sur cette route transversale, dont l'histoire
ne fait pas plus mention que des autres vallées dont j'ai parlé ailleurs, on ne
peut cependant se refuser à croire que cette route a été pratiquée par les
anciens. Je me fonde sur des preuves qui semblent certaines : la première,
c'est l'existence du temple Égyptien qui est sur le chemin, précisément
auprès de la seconde de ces stations ; la seconde, les rochers du désert,
couverts de sculptures hiéroglyphiques ; la troisième, la position de la montagne des émeraudes à l'extrémité même de cette ligne, montagne qui a été
exploitée de temps immémorial ; enfin la tête de la route est presque au
point du fleuve le plus rapproché de la mine d'émeraude. Il est tout simple
qu'on ait adopté, de préférence à tout autre, un chemin tracé par la nature
à travers des montagnes escarpées, et conduisant en ligne directe au centre
de l'exploitation.

La première station dont je parle, est à sept lieues du Nil ; la seconde,
à treize lieues ; la troisième, à vingt : ainsi elles se trouvent à peu près à
égale distance, et sont plus rapprochées que celles de la route de Coptos
au sud-est, sans doute parce que la traversée étoit environ de moitié moins
longue.

Si l'on fait encore attention qu'il existe à la hauteur de Qoceyr d'anciennes
stations qui ont été découvertes par le général Bachelu, et qu'elles ont dû
nécessairement faire partie d'une route à la mer Rouge, on pourra con-
clure qu'à diverses époques l'ancien commerce a suivi plusieurs directions

différentes; et il est naturel de penser que la ligne la plus récente est celle de Coptos à Qoceyr, ou bien à Myos Hormos, la moins longue de toutes.

Rapprochons maintenant ensemble les deux leçons de l'Itinéraire, les nombres de la Table Théodosienne, avec les rectifications indiquées, ainsi que les mesures de Pline.

	TABLE THÉODOSIENNE (1).	ITINÉRAIRE D'ANTONIN.		TOTAUX.	PLINE.
		COD. REGIUS.	COD. BLANDINIANUS.		
Coptos............	//	//	//	Milles. /	Milles. /
Phœnicon............	XII, *lisez* XXII.	XXIV.	XXVII, *lisez* XXIV.	24.	/ 33.
Didyme.............	XXIV.	XXIV.	XXIV.	//	/
Aphrodito............	XX.	XX.	XX.	//	/
Compasi.............	XV, *lisez* XXV.	XXII.	XXII.	90.	/ 95.
Jovis Hydreum..........	XXII.	XXIII.	XXXIII, *lisez* XXIII.	//	//
Aristonis............	XXIV.	XXX, *lisez* XXV.	XXV.	//	//
Phalacrum............	XXIV.	XXX, *lisez* XXV.	XXV.	//	//
Apollinis Hydreum......	XXIV.	XXIV.	XXIII.	186.	184.
Cabalsi..............	XXVII.	XXIV, *lisez* XXVII.	XXVII.	//	//
Hydreuma vetus.........	XXIV.	/	/	236.	233.
Cœnon Hydreum.........	/	XXVII.	XXVII.	240.	239.
Berenice.............	XXII.	XVIII.	XVIII.	258.	258.
TOTAL......	258m	259m	258m	/	/

Il seroit bien extraordinaire qu'un accord si parfait et si complet ne fût pas la preuve de la réalité des distances qui composent la route oblique de Coptos à la mer Rouge. Objectera-t-on que cette concordance est l'effet du hasard? Mais la conformité du terrain avec les distances, les stations encore subsistantes, la route frayée dont il reste des vestiges, enfin le passage ouvert à travers les montagnes dans cette direction, tout semble fait pour écarter les doutes. Ainsi, quelqu'ingénieuse que soit l'explication de M. Rozière sur la direction de l'ancienne route du commerce, et bien qu'elle soit fondée, soit sur les expressions mêmes de Strabon, soit sur des considérations tirées de la nature du sol, que personne, au reste, ne pouvoit mieux connoître ni mieux décrire, soit enfin sur des circonstances délicates qui doivent naturellement échapper à tout autre qu'à un voyageur instruit, et qu'il a eu le mérite d'exposer le premier; malgré, dis-je, le poids de tous ces motifs, je ne puis cette fois que me ranger à l'avis de l'oracle de la géographie. A la vérité, d'Anville a plutôt deviné que prouvé l'existence réelle de la route de

(1) Les noms de *Didyme* et *Aphrodito* sont transposés dans la Table, et non les nombres.

Coptos; mais il a deviné juste, et toutes les découvertes modernes aboutissent à confirmer son opinion.

J'ajouterai une autre preuve tirée des auteurs Arabes. On lit, dans un passage très-curieux de Maqryzy sur les *Bedjah*, dont nous devons la traduction à M. Étienne Quatremère (1), que le bourg d'el Kharbah, voisin de la mine d'émeraude, est situé dans le désert de Qous, à environ trois journées de cette ville. Cette distance n'est pas la moitié de la véritable; on verra sur ma carte qu'il faut sept journées : or c'est précisément ce que dit Masoudy (2): «Entre le lieu nommé *Kharbah*, où est la mine d'émeraude, et les villes les »plus voisines, savoir, Kous, Keft....., on compte sept journées de marche.» Il faut remarquer que ces journées se retrouvent dans les stations de l'ancienne route de Coptos jusqu'à *Aristonis*, la sixième; ce rapprochement curieux fortifie beaucoup l'existence de la route oblique allant à Bérénice: on notera aussi que cette ligne étoit encore suivie à l'époque de Maqryzy et à celle de Masoudy. Quoique Maqryzy se soit trompé sur la distance de la mine d'émeraude, son passage prouve toutefois, comme celui de Masoudy, qu'on s'y rendoit en partant des environs de Coptos.

CONCLUSION.

Pour construire cette carte, qui n'est qu'une bien foible partie de la géographie des environs de l'Égypte, j'ai dû comparer attentivement le journal de M. Cailliaud avec son itinéraire, et tous deux avec les cartes antérieures de d'Anville, de Bruce, de La Rochette, du vice-amiral Rosily, de lord Valentia, &c., et analyser toutes ces données quelquefois contradictoires. Peut-être cette discussion et celle des témoignages des auteurs anciens et modernes m'ont-elles entraîné un peu trop loin : il me semble cependant qu'en produisant une carte nouvelle on ne sauroit trop mettre le public à portée de juger de la valeur des motifs sur lesquels on s'est décidé; on ne sait que trop que la méthode contraire est la plaie de la géographie.

Au reste, cette même discussion a pu faire voir combien la forme des côtes occidentales du golfe Arabique, entre le 23.e et le 26.e degré, est encore mal connue, et combien il seroit à desirer qu'un nouveau périple, plus exact que les reconnoissances de D. Juan de Castro, vînt nous mettre à même de mieux comprendre ceux d'Agatharchides ou d'Arrien, et de résoudre complétement le problème de l'ancienne route du commerce de l'Inde par l'Égypte et la mer Rouge : aussi, quelque peine que j'aie prise pour fixer la position de cette route et de la montagne des émeraudes, je ne puis me flatter de l'avoir fait avec toute l'exactitude qu'exige un point de géographie aussi important,

---

(1) *Mémoires géographiques et historiques sur l'É-gypte*, tom. II, pag. 135.

(2) *Mémoire sur les mines d'émeraude*, dans l'ouvrage ci-dessus, tom. II, p. 173.

et je ne donne cette carte que comme un essai que je m'efforcerai de perfectionner par les observations ultérieures.

P. S. Depuis l'achèvement de ma carte, M. Belzoni, connu par d'importantes découvertes en Égypte et en Nubie, a publié ses voyages; ils renferment un itinéraire à la mer Rouge et une carte à l'appui. Cet observateur zélé et infatigable a parcouru en partie le même chemin que M. Cailliaud, et il est allé au-delà, sur la mer Rouge, jusqu'aux ruines que les Arabes avoient indiquées à notre voyageur, au sud-est d'*Apollinis Hydræum*. Autant cette découverte est curieuse, autant il est à regretter que M. Belzoni n'ait point fait ses efforts pour bien fixer la position d'un point aussi intéressant; à défaut d'instrumens à prendre les hauteurs, il pouvoit compter exactement ses heures de marche, et mesurer les rumbs de vent à l'aide de sa boussole. A la vérité, les cruelles fatigues auxquelles il a été exposé avec son compagnon de voyage M. Beechey, et que j'ai connues par expérience, doivent justifier M. Belzoni de tout reproche : il n'appartient qu'à ceux qui ne connoissent point le désert de se montrer injustes ou trop exigeans envers les voyageurs. Quoi qu'il en soit, il m'a été impossible de tracer les marches de M. Belzoni sur les diverses cartes existantes.

Les ruines de Haboo Grey, qu'il regarde, avec assez de vraisemblance, comme celles de Bérénice, tombent sur sa carte à 23° 50′ de latitude ; rapprochement fortuit, mais singulier, avec la latitude de Ptolémée. On a vu plus haut (et on le reconnoîtra aussi sur ma carte) que rien ne s'oppose à ce que la route de Coptos, après *Apollinis Hydræum*, se dirige au point dont il s'agit; les distances de l'itinéraire y conviennent parfaitement, et je suis bien porté à croire que c'est là qu'étoit effectivement l'ancienne ville de Bérénice, quoique Strabon la place au fond du golfe (1). M. Belzoni parle d'une station antique placée dans le voisinage, et pareille à celle de la route de Coptos. C'est une mansion de plus, qui correspondoit à *Cænon Hydreuma* ou à *Cabalsi,* et qui confirme encore la direction oblique de la route à travers le désert.

Quant à la géographie des côtes, je remarquerai seulement que M. Belzoni, dans ses deux voyages de Sekket à la mer Rouge, dit n'avoir trouvé absolument aucune baie, tandis que toutes les cartes en indiquent trois à quatre dans ces parages : 1.° à la Montagne Jaune ou de soufre; 2.° à l'est du mont Zabarah, à Wadanhaouy bay ; 3.° à Charm el Kimân [ouverture des montagnes], que M. Belzoni a entendu appeler *Charm el Gemel;* 4.° enfin à Chaouinah; sans parler encore d'Azalleich, ni de Sakarah, plus au nord. Ce n'est pas ici le lieu de proposer quelques rectifications indispensables au reste de la narration de M. Belzoni ; en attendant, le seul examen des planches du Voyage de M. Cailliaud peut décider le suffrage de tout lecteur attentif et impartial.

J'ai vu avec satisfaction M. Belzoni réhabiliter la mémoire de Bruce, au sujet de la montagne des émeraudes, quoiqu'avec trop d'humeur peut-être contre ceux qui l'avoient attaquée; il est certain que la latitude rapportée par ce voyageur ne diffère pas de la véritable autant qu'on l'avoit pensé.

(1) Liv. XVI, pag. 763.

M

CARTE

DE' L'OASIS DE THÈBES, OU GRANDE OASIS.

(PLANCHE X.)

LA grande Oasis, *el Oudh el Kebyr,* portoit chez les anciens le nom d'*Oasis de Thèbes,* comme nous l'apprenons par la grande inscription que M. Cailliaud a copiée sur le grand temple d'el Khargeh, chef-lieu de ce canton ; du moins elle étoit ainsi désignée vers l'an 68 de l'ère vulgaire, sous l'empereur Galba. Aucun nom ne convient mieux, puisque l'entrée du fertile vallon d'el Khargeh se trouve presque sous le parallèle de Thèbes, lequel est précisément moyen entre ceux de Philæ et de Manfalout, limites de la Thébaïde.

Deux routes principales et directes, encore aujourd'hui en usage, faisoient communiquer ce pays avec Thèbes : l'une, au midi, passoit par Asphynis, au nord de Latopolis; l'autre passoit par Abydus. Une troisième, celle de Syout, a prévalu depuis long-temps, comme étant le plus court chemin dans la direction du Kaire. C'est celle que suivirent Poncet, Lenoir du Roule et Browne.

Abydus est un des points de la vallée les plus rapprochés de l'Oasis, et el Khargeh est précisément à la même hauteur. De l'un à l'autre point, on compte environ quarante-deux heures de marche; d'Asfoun sur le Nil à la position d'el Hagâgeh, qui est au nord de Beyrys, on en compte cinquante-deux, c'est-à-dire, un quart en sus de la première distance.

Avant M. Cailliaud, l'on n'avoit en Europe aucune idée des monumens renfermés dans l'Oasis de Thèbes : cette considération m'a engagé à entrer dans quelques développemens géographiques sur la position de cette intéressante contrée; je traiterai ailleurs de l'histoire des Oasis en général. Bien que les anciens nous aient appris peu de chose sur la religion et les mœurs des habitans de la grande Oasis, on peut croire cependant qu'elle a été civilisée à une époque assez reculée. Constamment traversé par les caravanes qui, de temps immémorial, faisoient communiquer l'Égypte soit avec l'Éthiopie, soit avec l'intérieur de l'Afrique; possédant des sources abondantes et une riche végétation; exempt des chances de l'inondation annuelle, ce qui le mettoit, sous ce rapport, au-dessus même des rives du Nil ; enfin placé au centre du désert le plus aride, comme une île fortunée au milieu des flots, ce canton a nécessairement fixé l'attention de l'Égypte dès la plus haute antiquité. Quoique ce pays ait été dévasté par les guerres civiles et religieuses, on y retrouve encore aujourd'hui plusieurs édifices très-anciens; il en est aussi sur l'époque desquels on n'a point de certitude : d'autres remontent seulement aux Ptolémées; enfin il est facile d'en distinguer quelques-uns qui sont évidemment des constructions Romaines.

Sans rechercher ce que c'étoient que les *Samiens* qui, dès le temps de Cambyse et d'après le témoignage d'Hérodote (1), habitoient la *ville Oasis*, ou bien la tribu Æschrionienne dont ces Samiens faisoient partie, il est certain que c'est la grande Oasis que cet historien avoit en vue quand il s'exprimoit » ainsi : «Les troupes envoyées par Cambyse contre les Ammoniens partirent » de Thèbes avec des guides, et parvinrent jusqu'à la ville Oasis.» D'après le même Hérodote, elle étoit à sept journées de Thèbes : c'est en effet la distance qu'on trouve entre el Khargeh chef-lieu d'el Ouâh et les ruines de Thèbes, en journées de sept lieues et demie (2).

De tous les auteurs, Strabon et Ptolémée sont ceux qui donnent avec le plus de précision la position de la grande Oasis. «A la hauteur d'Abydus, » dit le premier, et à la distance de trois jours de marche à travers le désert, » est située la première des trois Oasis de Libye : c'est un lieu habité, bien » fourni d'eau, abondant en vin, et qui produit une quantité suffisante des » autres denrées (3).» Selon Ptolémée, la première Oasis a la même latitude qu'Abydus, 26° 55′. Il faut, dans ce dernier passage, faire abstraction des chiffres, qui sont défectueux; mais la situation du chef-lieu de l'Oasis, sous le parallèle même d'Abydus, est parfaitement exacte. Au reste, M. Cailliaud a mis aussi trois jours pour se rendre d'el Khargeh à Samatah, non loin d'Abydus.

Dans une dissertation savante sur les Oasis, M. Langlès a cité ce passage de Léon l'Africain : «Les Oasis sont un pays situé dans le désert de Libye, » à cent vingt milles de l'Égypte; il y a trois forts, beaucoup de maisons, » et de champs très-fertiles et abondans en dattiers, &c.» Cette distance est exacte; si l'on mesure sur ma carte la distance d'el Khargeh à Thèbes, on trouve cent vingt milles géographiques. M. Cailliaud a trouvé aussi trois forteresses Romaines.

Si cet autre passage d'el Edricy eût été plus connu, les voyageurs qui ont précédé M. Cailliaud auroient découvert sans doute les monumens antiques : «Les Oasis, situées dans le voisinage et à l'ouest d'Asouân, ne » renferment maintenant aucun habitant, quoiqu'elles fussent autrefois bien » cultivées; on y trouve encore de l'eau qui fertilise les terres, ainsi que des » arbres et des *édifices ruinés* (4).» Je ne parle pas ici des fables rapportées par d'autres auteurs Arabes, sur les monumens que des *génies* y avoient élevés.

Nous voyons, dans la Relation du voyage de Poncet en Éthiopie, que ce médecin employa cinq jours pour se rendre de Manfalout à el Ouâh (5).

(1) *Hist.* lib. III, cap. 26.

(2) Comme je les ai évaluées plus haut, *Notice géographique sur la première carte* (planche I.ʳᵉ).

(3) Traduction Française de Strabon, tom. V, p. 416 (Strab. *Geogr.* lib. XVII, pag. 813).

(4) *Dissertation sur les Oasis*, par M. Langlès, tom. II, pag. 35, de la traduction Française du Voyage de Hornemann.

(5) Relation abrégée du voyage de Poncet en Éthiopie en 1698, dans les *Lettres édifiantes*, tom. III, pag. 260.

D'après M. le chevalier Drovetti, qui a fait récemment le même trajet, on emploie quatre jours, et ces quatre jours équivalent à trente lieues ; ce qui correspond à la distance d'el Khargeh, placé sous le parallèle d'Abydus. Ces quatre jours sont d'accord avec l'itinéraire de Lenoir du Roule, cité par d'Anville.

Au temps où a été rédigée la Notice de l'Empire, *Hibe* étoit le chef-lieu de l'Oasis de Thèbes ; il s'y trouvoit alors, sous le commandant militaire de la Thébaïde, un poste de cavalerie (1). C'est avec raison que ce nom a été rapproché, par M. Langlès, du nom de *Ibi*, dont Pline fait mention, *Ibi civitas Oeensis* (2) ; et l'on peut regarder *Hibe* ou *Hibi* comme le nom ancien de la capitale de l'Oasis Thébaïque : j'aurai occasion de revenir sur ce point ; il n'est question ici que de position géographique.

On est surpris, en lisant la Relation du voyage de Browne au Dârfour au travers de l'Oasis, du peu de renseignemens qu'il donne sur le pays d'el Ouâh, où il est cependant resté environ quinze jours (du 1.er au 15 juin 1793) ; quelques lignes lui suffisent à la description de toute la contrée : non-seulement il ne dit pas un mot des antiquités, mais il ne nomme que cinq endroits en tout, *Charjé, Boulak, Cheik Châled, Beiris, Moughès,* et il en passe douze à quinze autres sous silence. Il est inconcevable qu'il ait cheminé devant les temples d'el Khargeh, de Boulâq et de Douch el Qala'h sans les décrire ; et comme il a dû nécessairement les apercevoir (à moins qu'il n'ait toujours passé de nuit), comment n'en a-t-il pas dit un seul mot? Au reste, c'est une bonne fortune pour M. Cailliaud que l'omission faite par son prédécesseur (3). En revanche, l'itinéraire de M. Drovetti se tait sur le nom d'*A'yn Dizé* de la relation de M. Browne, point de la route qui traverse le désert, de Syout à el Khargeh : cette station, déjà mentionnée par d'Anville, est la même que *Qasr Gebb el Sont* du journal de M. Drovetti, où se trouve un édifice en briques crues, peut-être une forteresse Romaine comme celle de Deyr qui est plus au sud. Cheykh Châled, entre Boulâq et Beyrys, correspond peut-être aux ruines de Hagâgeh.

On trouve dans la carte de d'Anville quelques noms qui ont échappé aux voyageurs récens, Garaïé, Cheikh Halé, Busaïté, Darakmi ; il est très-probable que ce ne sont pas des positions différentes. J'y reviendrai plus loin, à propos de l'itinéraire de M. Drovetti, où l'on voit mentionnées d'autres positions que je n'ai pu placer sur la carte, faute de place ou de données suffisantes.

Les observations qui précèdent étoient nécessaires pour donner une idée générale de la position de l'Oasis : maintenant je vais entrer dans les détails

---

(1) *Notitia utraque dignitatum &c.*, pag. 90.

(2) *Ocensis* ou *Oassensis*, lisez *Oaensis.* Plin. *Hist. nat.* lib. v, cap. 4.

(3) Browne's *Travels, &c.* ou *Nouveau Voyage*

dans *la haute et basse Égypte, la Syrie et le Dârfour,* par W. G. Browne, tom. I, pag. 276 ; traduit par Castera, Paris, 1800.

qui servent de base à la construction de la carte. Avant tout, je fixerai la
position du chef-lieu. Dans la carte esquissée par M. Cailliaud, el Khargeh
est placé au 26.ᵉ degré de latitude, et distant du Nil d'un degré en longitude;
cette position est évidemment trop à l'est, et aussi un peu trop au sud.

Selon la carte de Browne, el Khargeh est à 26° 25'; ainsi que dans les
cartes qui accompagnent le Voyage de Hornemann et celui de Burckhardt;
d'après le major Rennell, c'est la même latitude; enfin d'Anville, dans sa
carte, avoit adopté 26° 26' : je passe sous silence d'autres cartes qui ne sont
que des copies de celles-ci, plus ou moins dénaturées. Cette hauteur me
paroît, à son tour, trop septentrionale. Browne se trompoit beaucoup sur la
latitude de Syout, qu'il faisoit aussi trop septentrionale de 13' 26"; mais
la différence qu'il donne en latitude entre Syout et el Khargeh (ou 58' 40")
est très-exacte. Je me servirai des trois distances fournies par M. Cailliaud
et par M. le chevalier Drovetti, pour fixer avec le plus de précision possible
la position du lieu : on a d'ailleurs trois points fixes dans Syout et Esné, où
les astronomes Français ont fait des observations astronomiques, et même
dans Abydus, déterminée géométriquement par rapport à Girgeh ; c'est à
partir de ces points qu'il faut tracer les routes des nouveaux voyageurs. La
deuxième marche de M. Cailliaud, d'el Khargeh à Samatah, au nord d'A-
bydus, fut d'environ quarante-deux heures ; si l'on trace, d'après son journal
et la carte qu'il a esquissée, les différentes inflexions de sa route, presque
toujours est-ouest, el Khargeh tombe vers le 26.ᵉ degré 11'. Dans sa route
à l'ouest, le voyageur a marché cinquante-cinq heures depuis Esné; savoir,
trois au nord jusqu'à Asfoun, et cinquante-deux de là jusqu'à Hagàgeh (1).
Cette distance fixe assez bien la longitude d'el Khargeh; mais, comme il
y a un peu d'incertitude sur la direction des marches, à cause des montagnes
escarpées qu'il a franchies, je chercherai une autre donnée pour vérifier
cette position : cette donnée m'est fournie par la marche de M. le chevalier
Drovetti pendant son voyage de Syout à el Khargeh. M. Drovetti rapporte
qu'on met quatre jours pour franchir le désert, quand on ne veut point se
presser; ensuite dix heures, à partir du point où l'on commence à trouver
de la végétation et des arbres : la première partie de la route équivaut à
environ vingt-huit heures, en tout trente-huit. Si l'on porte cette distance,
en ayant égard à une inflexion du chemin auprès de la montagne de Syout,
on tombe exactement sur la position d'el Khargeh précédemment fixée, c'est-
à-dire, à 26° 10 ou 11' de latitude.

Je comparerai cette route, non avec celle des caravanes de Dârfour, pesam-
ment chargées et composées souvent de quinze mille chameaux, qui mettent
six jours et demi dans le trajet (2), mais avec celle de Browne. Ce voyageur

(1) *Voyez* sur la carte, pl. X, l'échelle des heures de
marche.

(2) *Mémoire sur les caravanes de Dârfour*, par

M. Lapanouse (*Mém. sur l'Égypte*, tom. IV, pag. 77,
édition de Paris, an XI).

N

employa douze heures et demie pour arriver du pied de la montagne dite *Gebel Roumlieh* à el Khargeh (1) ; mais il nous apprend que les chameaux étoient chargés fortement. Ce point correspond évidemment à la plaine où M. Drovetti commença à voir de la végétation, au nord de Qasr Gebb el Sont ; eu égard à la différence des caravanes, les dix heures de celui-ci correspondent bien aux douze heures et demie de l'autre. Quant au chemin de Syout au pied de Gebel Roumlieh, Browne mit quatre jours à le faire (2) ; c'est la même donnée que fournit M. Drovetti : voilà sans doute un accord satisfaisant ; et il ne reste plus qu'à voir si la route méridionale y changera quelque chose.

M. Cailliaud, ayant fait en trois heures le chemin d'Esné à Asfoun sur le Nil, se dirigea ensuite dans le désert du côté de l'ouest, en tirant vers le nord, et il marcha, comme je l'ai dit, cinquante-deux heures pour atteindre Hagâgeh dans l'Oasis. Cette distance fixe la longitude de ce point de l'Oasis presque sous le méridien d'el Khargeh ; ce qui est conforme à la direction connue de cette grande vallée du sud au nord. D'un autre côté, on voit, par l'itinéraire de M. Cailliaud, combiné avec celui de M. Drovetti, qu'entre el Khargeh et Hagâgeh on compte environ dix-huit heures : or cette distance est précisément celle qui résulte de la construction des deux lignes précédentes.

Maintenant que la position d'el Khargeh est donnée en latitude assez exactement, on remarquera que sa distance au Nil, vers Girgeh, est beaucoup moindre qu'on ne l'avoit admis généralement ; la différence est si forte, que j'ai hésité quelque temps avant de me fixer sur ce point : mais toutes les données y concourent ensemble, notamment l'itinéraire du *Dakel* (3), dont je parlerai bientôt. Une des raisons les plus fortes est la distance de Syout, distance qu'il est impossible d'augmenter au-delà de quatre à cinq jours de marche : si l'on adoptoit la distance excessive qu'on trouve dans les cartes entre le Nil et l'Oasis, il faudroit compter huit journées et plus ; ce qui est inadmissible. La cause de cette erreur est dans la longitude qu'on attribuoit à Syout et à Girgeh, et qu'aujourd'hui nous savons positivement ne pas excéder, pour la première, 28° 54', et pour la seconde, 29° 35' 27". D'après la construction de ma carte, la longitude d'el Khargeh se trouve de 28° 11' : différence avec Girgeh, 1° 24' environ ; ce qui correspond à trente-deux lieues environ en ligne droite. Ce changement apporté dans les cartes est assez considérable pour que j'aie cru devoir en exposer ici les motifs avec quelques détails.

D'un autre côté, dans les cartes de cette partie de l'Afrique, la route au Dârfour, qui, à partir de Syout, doit naturellement tendre toujours vers le sud-ouest et l'ouest, revenoit à l'est vers le Nil, au sortir de la grande Oasis.

---

(1) Tom. I, pag. 274 et suiv. de la traduction Française déjà citée.

(2) Du 28 au 31 mai.

(3) *El Ouâh el Dakheleh.* Voyez pag. 52.

Cette irrégularité disparoîtra dans le tracé général de cette route que je donnerai d'après M. le chevalier Drovetti (1). L'Oasis se rapprochant beaucoup à l'est, toutes les stations intermédiaires se trouveront sur une ligne qui, joignant ce grand vallon avec Kobbé, chef-lieu du Dârfour, se dirige constamment dans le sud-ouest. Je passe à l'examen de l'étendue totale de l'Oasis.

La longueur de l'Oasis est, d'après la carte que M. Cailliaud a esquissée, d'environ vingt lieues; la construction de l'itinéraire m'en a fourni vingt-quatre. Selon quelques auteurs Arabes, l'Oasis se prolongeoit jusque vis-à-vis d'Asouân; mais cette longueur seroit double de la longueur réelle. Le major Rennell l'estimoit à cent milles d'Angleterre; c'est encore une étendue beaucoup trop grande, puisque l'extrémité méridionale n'atteint pas le parallèle d'Esné.

Dans les temps anciens, la partie cultivable de l'Oasis s'étendoit au nord du point occupé aujourd'hui par el Khargeh; les ruines et le château Romain qui sont à quatre lieues par-delà, l'indiquent assez. C'est entre ce dernier endroit et Douch el Qala'h, au midi de l'Oasis, que je mesure la vraie longueur de ce fertile canton; et cet espace renferme, comme je l'ai dit, vingt-quatre lieues. La largeur est de trois à quatre lieues; ce qui répondroit assez bien à la demi-journée de chemin que lui assignoit Lenoir du Roule déjà cité, et prouveroit que depuis un siècle les choses ont peu changé.

Je n'entreprends pas d'entrer dans le détail des positions que j'ai marquées dans la carte de l'Oasis, ni même d'expliquer pourquoi je n'ai pas introduit plusieurs noms qu'on trouve dans les autres cartes : ou les noms des lieux ont changé, et alors je devois éviter un double emploi; ou les anciens voyageurs ont recueilli ces noms inexactement, et il étoit naturel de m'en tenir à deux itinéraires plus récens et faits avec soin. Pour compléter celui de M. Cailliaud, j'ai mis à contribution celui de M. Drovetti, qui m'a fourni les noms de *Dakkakyn* et de *Garmoucheyn*, ainsi que trois *Qasr;* entre autres, Qasr A'yn Zayân, où est un temple antique dont il n'est pas fait mention dans le journal de M. Cailliaud.

Celui-ci a vu, au midi de l'Oasis, les ruines de deux villages nommés *Dabezzyâd* (2) et *Abousâyd*, sans rencontrer le nom de *Maks* ou *Mouguès*. De même les voyageurs qui ont rapporté ces derniers noms ne parlent pas de Dabezzyâd ni d'Abousâyd. Il est possible que ces lieux soient les mêmes : en effet, on les place aussi au midi de Beyrys; et je trouve dans l'itinéraire de M. Drovetti, immédiatement après Beyrys, deux villages abandonnés, Maks el Baheyry et Maks el Qebly (ou *Maks* du nord et *Maks* du sud) : or M. Cailliaud a trouvé à deux lieues de Beyrys, Dabezzyâd, et deux lieues plus loin, Abousâyd; ce qui est d'accord à-la-fois (sauf les noms) et avec

(1) J'en ai fait usage dans la construction d'une carte de Nubie qui sera publiée plus tard.

(2) On a écrit mal-à-propos, dans la planche, *Abezzyâd* et *Abessâd*, au lieu de *Dabessâd* et *Dabezzyâd*.

M. Drovetti, et avec M. Lapanouse, lequel, dans son Mémoire sur les caravanes de Dârfour, place Maguès, dernier village au sud, à quatre heures de Beyrys, et avec Browne, qui place Moughès à deux heures seulement (1).

Tout autour d'el Khargeh, comme on le verra dans les planches, il y a un assez grand nombre de monumens : ils portent des noms que M. Drovetti à recueillis ; mais l'échelle de la carte ne m'a pas permis de les y inscrire : ce sont Qasr el Hedârah, Qasr el Taryhah, el Birbeh, el Qebouât, Qasr el Gabbâneh.

Quant aux noms de *Cheik Halé*, *Garaïé*, *Busaïté*, *Darakmi*, que l'on trouve dans la carte de d'Anville, j'ignore à quoi ils se rapportent ; on peut présumer seulement que le premier nom est le même que *Cheykh Châled*, et le dernier, que *Dakkakyn*, bien que les distances ne conviennent guère. En tout cas, cette partie de la carte de d'Anville est à réformer en totalité : elle pèche comme toutes les autres, en supposant el Khargeh au sud-ouest de Syout, tandis que la vraie direction de la route tire beaucoup plus vers le sud. Je trouve l'explication du fait dans la position de l'Oasis du *Dakel* découverte par M. Drovetti ; comme celle-ci est beaucoup plus à l'ouest, il se peut que ces deux lignes de route aient été confondues ensemble d'après les rapports des Arabes.

D'Anville a appliqué le nom de *Mons Tinodes*, cité par Ptolémée, à *Gebel Roumlieh*, qui est à l'entrée de l'Oasis, du côté de Syout ; je pense que ce nom convient mieux à la montagne qu'on descend en venant par Esné, et qui est beaucoup plus méridionale, comme le demande le texte de Ptolémée.

DE L'OASIS APPELÉE EL DAKEL.

L'ITINÉRAIRE de l'Oasis appelée *el Dakel*, que j'ai reçu de M. le chevalier Drovetti, m'est parvenu après la construction de la carte de l'Oasis ; mais il a heureusement confirmé mon travail. Trois lignes de route dans cet itinéraire donnent, 1.° la distance de Syout à el Khargeh ; 2.° celle d'el Khargeh à Balât, l'un des lieux principaux du *Dakel* ; 3.° celle de Balât à Beny-A'dyn et Manfalout (positions liées avec Syout). Ce triangle devra s'appuyer sur la première ligne comme base, si cette ligne est d'accord avec la construction précédente : or on a vu plus haut que la marche de M. Drovetti s'accorde avec la détermination d'el Khargeh, supposé placé sous la latitude de 26° 11' environ.

Ce voyageur, en allant d'el Khargeh à Balât, s'est porté au nord-ouest ; le chemin total a été de trente-quatre heures deux tiers, dont la moitié est dans les montagnes. Après avoir traversé un très-large plateau, on descend dans le vallon appelé *el Dakel*, peuplé et cultivé comme l'Oasis de Thèbes. Balât, le point extrême, se trouve donc à cent huit heures de marche d'Esné

(1) Tome I, page 274 et suiv. de la traduction Française du Voyage de Browne.

environ. Cette Oasis intérieure étoit ignorée avant le voyage de M. Drovetti, et depuis je n'ai pas appris qu'aucun Européen s'y soit rendu : cependant elle renferme, comme on le verra, d'antiques monumens qui mériteroient d'être dessinés ; on y trouve trois à quatre temples et une pyramide (1).

La ligne de Balât à Beny-A'dyn, position fixe et voisine de Manfalout, a été parcourue par M. Drovetti en cinq jours. En comparant cette marche avec le nombre de journées de Syout à el Khargeh, on a la position de Balât ; or cette position coïncide (à fort peu près) avec l'intervalle trouvé tout-à-l'heure pour la distance de Balât à el Khargeh : ainsi tous les points de cette dernière route sont faciles à établir sur la carte. Il n'en est pas de même du pays qui est au midi de Balât : les termes du journal ne sont pas assez précis pour diriger les lignes de route avec certitude ; et la construction que j'ai faite, n'est qu'un tracé conjectural qui donne seulement la succession et les distances respectives des lieux voisins. On ne peut donc affirmer que les gros villages d'el Hindaou et de Qasr sont bien placés par rapport à Balât. On remarquera sur la carte, au sud-ouest de ce dernier endroit, un courant aujourd'hui à sec, et appelé pour cela *Bahr belâ mâ* [Fleuve sans eau] ; nous manquons de renseignemens pour savoir quelle est l'étendue, l'importance ou la direction de cet ancien courant.

On trouvera dans le vallon du *Dakel* un plus grand nombre de lieux que dans le vallon de Khargeh, même sans y comprendre les positions qui se trouvent sur le chemin de l'un à l'autre ; ce qui suppose au premier une importance au moins égale à celle du second. On étoit loin de soupçonner ce fait, sur lequel Ptolémée et les auteurs anciens gardent le silence. Néanmoins le nom de *Dakel* n'a pas été inconnu aux auteurs Arabes. El Maqryzy, el Soyouty et Ebn Ayâs appellent *el dakhelât* [intérieures] la grande et la petite Oasis ; et dans la carte de l'empire Ottoman, dressée à Constantinople par Fagelius, on voit la *petite* (la plus voisine du lac de Mœris) désignée sous le nom d'*Oasis intérieure* [*el Ouâh el Dakheleh*] (2). Mais, si l'on fait attention qu'il y a cinquante lieues de Balât à Zabou, commencement de la petite Oasis (3), et qu'entre ces deux points se trouve l'Oasis de Farâfré, on trouvera qu'il est peu probable que les auteurs Arabes aient désigné ici le vallon d'*el Dakel ;* et je pense que le nom de cette Oasis, si toutefois il est bien le même que celui dont ces écrivains font mention, que ce nom, dis-je, quoique générique, lui appartient en propre, et non pas à l'*Oasis parva.* En effet, elle est enfoncée dans l'ouest beaucoup plus que la grande : en partant de celle-ci, il faut marcher près de trente-cinq heures pour y arriver, et l'on doit franchir de grandes montagnes. Le surnom d'*intérieure* lui convient donc très-bien. Au reste,

(1) *Voyez* l'Itinéraire de M. Drovetti, à la suite de la Relation du voyage.

(2) *Mémoire sur les Oasis*, par M. Langlès, dans

le *Voyage de Hornemann*, tome II, page 355

(3) J'ai placé ici le point de Zabou d'après la route de M. Belzoni.

on remarquera l'opposition d'*el Dakheleh* avec *el Khargeh*, qui signifie *l'extérieure*.

Il faudra donc modifier beaucoup la division communément reçue des Oasis *en trois*, d'après Strabon et d'autres auteurs, savoir : la *grande*, en face d'Abydus; la *petite*, auprès du lac Mœris ; et la *troisième*, auprès de *l'oracle d'Ammon*. Ces îles, comme on les appelle, sont en bien plus grand nombre, et il est extrêmement probable que tout le désert en est parsemé. Strabon lui-même autorise à le croire, quand il s'exprime ainsi en parlant de la Libye : «Ce continent ressemble à une peau de panthère ; car il est » comme moucheté par des cantons habités qu'isolent des terrains arides et » déserts : les Égyptiens appellent ces cantons des *auasis* »; et ailleurs : « Ces « *auasis* sont nombreuses en Libye ; il y en a trois voisines de l'Égypte, ran- » gées sous son gouvernement (1).»

Or, pour ne pas sortir des environs de l'Égypte, nous trouvons, 1.° Syouâh, 2.° la seconde Oasis, 3.° el Farâfré, 4.° el Khargeh, 5.° *el Dakel*, sans parler d'une petite Oasis où sont *Om el Debâdeh*, et *el Lengeh*, située entre les deux dernières. Ainsi nul doute que la division topographique des Oasis ne doive être changée : pour la fixer d'une manière certaine, il faut attendre les observations que M. Cailliaud a faites dans son voyage en 1820 à travers tous ces divers cantons, qu'il a parcourus successivement depuis Syouâh jusqu'à l'Oasis de Thèbes.

J'observe, en finissant cette notice, que les noms qu'on trouve dans la carte entre Syout et el Khargeh sont puisés, soit dans le Mémoire sur les cara- vanes de Dârfour, déjà cité, soit dans le journal du voyage de M. Drovetti. Je renvoie à ce journal, quant aux positions qui n'ont pas trouvé place dans ma carte, et aussi relativement aux détails des routes qui, de l'Oasis, con- duisent à Dongolah et au Dârfour.

(1) Strabon, liv. II, pag. 130; et liv. XVII, pag. 791 (traduction Française).

CHAPITRE II.

RELATION DU VOYAGE.

VOYAGE A L'EST,

Ou Itinéraire du pays situé entre la Thébaïde et la mer Rouge, comprenant la Description des Mines d'émeraude et des Ruines de Sekket;

Rédigé d'après le Journal de M. CAILLIAUD.

---

§. Ier

Arrivée à Alexandrie. Voyage en Nubie avec M. Drovetti. M. Cailliaud est désigné par le Pâchâ pour aller à la recherche des mines. Départ pour la mer Rouge. Anciennes Stations. Temple Égyptien dans le désert. Hiéroglyphes gravés sur les rochers. Arabes A'bâbdeh. Route de Bérénice. Mont Zabarah et Mines d'émeraude.

Le desir de former des collections de minéralogie, science à laquelle je m'étois livré dès ma jeunesse avec un goût très-vif, me fit quitter de bonne heure Nantes, ma ville natale. A peine âgé de vingt-cinq ans, j'avois déjà parcouru la Hollande, l'Italie, la Sicile et une partie de la Turquie d'Europe. Instruit des rares merveilles que renferme l'Égypte, par le récit des découvertes que les savans Français venoient de publier; sachant aussi que ce pays privilégié de la nature possède une multitude de matières minérales que l'art de ses anciens habitans a fait servir à l'érection des monumens les plus magnifiques, je conçus le projet de visiter aussi les rives du Nil: dans ce dessein, je quittai Constantinople dans les premiers mois de 1815, et j'abordai à Alexandrie le 12 mai de la même année.

C'est pendant mon séjour dans cette ville que j'eus le bonheur de connoître

M. Drovetti, consul général de France (1), dont les généreux procédés ne cesseront de m'inspirer la plus vive et la plus profonde reconnoissance. Bientôt après, ce zélé protecteur m'emmena avec lui, dans son voyage en Nubie, jusqu'à la seconde cataracte du Nil (2). A mon retour, il me procura par ses démarches la haute bienveillance du vice-roi d'Égypte, Mohammed A'ly pâchâ, et, le 7 du mois d'août 1816, je reçus une commission qui avoit pour objet la recherche des mines situées dans les déserts voisins de l'Égypte. Je ne perdis pas un moment pour me mettre en état de remplir une mission aussi honorable pour moi, et je me rendis sans délai au Kaire, où je reçus tous les firmans dont j'avois besoin pour les différens gouverneurs de la haute Égypte. J'étois autorisé à demander par-tout, depuis le Kaire jusqu'à Syène, les hommes, les chevaux et les chameaux nécessaires à la recherche qui m'étoit confiée.

Peu de temps après avoir quitté le Kaire, j'arrivai à Redesyeh, au midi des ruines d'Elethyia, après avoir revu avec un nouveau plaisir cette multitude de monumens qui enrichissent les bords du Nil, et qui, de toutes les parties de l'Europe, attirent aujourd'hui un si grand nombre de voyageurs. Je requis à Redesyeh six hommes pour me suivre, avec huit dromadaires et des provisions pour un mois. Mon interprète étoit un de ces Français qui, après le départ de l'armée, avoient pris du service dans le corps des Mamlouks (3). Ces hommes ont contribué à conserver dans le pays le souvenir d'une expédition mémorable et celui du nom Français; ils ont même servi indirectement à faire éclore les nouveaux germes de civilisation qu'on voit avec plaisir se développer de jour en jour dans un pays qui fut jadis le berceau des sciences et des arts. Aussi les Français ont-ils un avantage sensible dans leurs relations avec les habitans; avantage qui, au reste, remonte à une époque déjà ancienne.

(1) M. le chevalier Drovetti est connu en Europe, encore plus par les services signalés qu'il a rendus et rend journellement à tous les voyageurs, que par la riche collection qu'il a formée en Égypte depuis douze ans, dans le dessein d'en enrichir les musées Français. *(Note de l'Édit.)*

(2) La Relation du voyage en Nubie est à la suite de celle-ci.

(3) Son nom est *Joseph*; il est né à Turin. A l'époque du départ de l'armée Française, il se trouvoit malade, et il fut contraint de rester au Kaire, où il s'unit à une famille de quelque distinction et alliée des beys. Cet homme courageux et intelligent me fut d'un grand secours dans mes voyages. Il s'étoit attaché, avec beaucoup de ses compatriotes, à Ibrâhym bey, et servoit dans le corps des Mamlouks. Ces derniers ayant été détruits par les Osmanlis, Ibrâhym bey dut prendre la fuite, et se retira dans le Dongolah, en Nubie. Les Français restèrent au Kaire, près de Mohammed A'ly pâchâ, et ils formèrent un corps de quatre cents cavaliers. Aujourd'hui une grande partie a cessé de vivre; le corps est réduit à quarante environ, dont Selim d'Avignon est le kâchef. Par leur vaillance et leur dévouement, ils ont rendu au vice-roi des services signalés.

Ibrâhym bey mourut dans le Dongolah à la fin de 1816. Son épouse descendit de la Nubie, et vint en Égypte pour déposer le sabre de ce guerrier dans les mains du pâchâ, et demander que son corps fût transporté au Kaire. Mohammed A'ly pâchâ y consentit, et lui fit divers présens. Cette femme courageuse et intrépide entreprit alors un nouveau voyage de cinq cents lieues, et fit transporter elle-même jusqu'au Kaire le corps de son mari. A son passage à Esné et dans plusieurs villes de la haute Égypte, il reçut tous les honneurs dus à sa mémoire. Le 28 novembre 1816, je vis la veuve d'Ibrâhym à son passage à Esné, costumée comme un Mamlouk, et habillée richement; elle étoit accompagnée de plusieurs esclaves vêtues comme elle, et de plusieurs cheykhs. Tout le monde admiroit sa tenue à cheval. (On trouvera dans un appendice des détails historiques sur la femme d'Ibrâhym bey et sur celle de Mourâd bey.)

Tous nos préparatifs achevés, nous partîmes le 2 novembre, en nous dirigeant vers l'est, du côté de la mer Rouge; nous entrâmes aussitôt dans une plaine de sable, aride et brûlante malgré la saison. Après une demi-heure de marche dans le désert, nous traversâmes la chaîne Arabique : la nature de la pierre, en cet endroit, est un grès tout semblable à celui qui compose presque toute la montagne d'Égypte, depuis la ville de Syène jusqu'au terrain calcaire. Nous marchâmes ensuite dans des vallons qui renferment en abondance le *seyâl*, espèce d'acacia de petite stature, qui rapporte la gomme, et dont la graine est employée pour la préparation des peaux. On a coutume de planter ces sortes d'arbres autour des tombeaux des cheykhs, et les Arabes *A'bâbdeh* (1) n'ont garde de les arracher : aussi en vis-je plusieurs d'une taille beaucoup plus élevée que le seyâl ordinaire. Après quatre heures de marche, nous campâmes au puits appelé *A'bâdeh,* où nous trouvâmes un pauvre Arabe qui vit solitaire en ce lieu écarté : je remarquai dans cette partie du désert, sur la surface du sable, beaucoup de muriate de soude libre, uni à une terre grise; les Arabes l'emploient dans leurs alimens, quoique la terre y soit en excès.

Le lendemain 3 novembre, nous nous remîmes en marche au lever du soleil. On me fit remarquer, au sud de notre route et au pied d'une montagne, le tombeau d'un santon mahométan, dont la mémoire est restée en grande vénération parmi les Arabes de ce désert. A peu de distance de là, j'aperçus les restes de deux enceintes carrées, bâties en pierre brute, et hautes d'environ cinquante pieds : c'étoit, à ce qu'il paroît, dans des temps anciens, la première station où s'arrêtoient les caravanes, qui se rendoient directement à l'est, du Nil à la mer Rouge; elle est à sept heures de marche du Nil. Ces deux premières enceintes sont à vingt ou trente pas l'une de l'autre; la plus grande a quarante ou cinquante pieds environ de côté. Leurs murs, formés en partie de fragmens de grès provenus des montagnes voisines, ont cinq à six pieds d'épaisseur; ils paroissent avoir été bâtis à sec, sans aucun ciment. Dans leur intérieur, paroissent encore beaucoup de petits murs de refend, qui indiquent autant de chambres de huit à dix pieds en carré. Plusieurs contre-forts ou murs placés à l'extérieur ont été ajoutés pour la solidité de la construction. Ces murailles ont à peine aujourd'hui cinq ou six pieds d'élévation; mais les vastes décombres qui les entourent, annoncent une hauteur beaucoup plus grande : cependant rien ne fait présumer que ces enceintes aient été fortifiées, comme celles de la route de Qoceyr.

Nous laissâmes au nord une grande route allant à Qoceyr, qui suit un beau vallon rempli d'acacias, et nous continuâmes à nous diriger vers l'est. Sur le soir, je découvris dans ces solitudes quelques colonnes antiques, au pied d'un roc escarpé et au sud de la route : à cet aspect inattendu, j'éprouvai

---

(1) *Tribu qui fréquente les déserts situés entre la mer Rouge et la Thébaïde.*

P

un vif sentiment de joie; j'allois peut-être retrouver quelque nouvel ouvrage de ces anciens Égyptiens qui ont porté jusque dans le désert leur infatigable industrie. L'impatience d'arriver à ces ruines me fit presser le pas de mon dromadaire; mon attente ne fut point trompée : je reconnus, à ma grande surprise, un temple Égyptien, en partie bâti, et en partie creusé dans le rocher (1). La distribution est élégante; quatre colonnes en forment le portique extérieur : au-dedans, le plafond repose sur un nombre égal de piliers carrés, ménagés dans le sein même de la montagne, ainsi que le sanctuaire, deux chambres et deux pièces latérales.

Tous les murs de ce temple sont couverts d'hiéroglyphes sculptés en relief dans le creux, et d'une belle conservation; les couleurs dont ils sont revêtus offrent encore une fraîcheur étonnante. On voit sous le portique plusieurs tableaux composés de grandes figures, semblables à ceux du petit temple de Kelâbcheh en Nubie. Le sujet a de l'analogie avec un sacrifice humain, ou réel ou symbolique (2). On remarque sous le portique deux hautes statues d'Osiris, debout, de grand style, tenant dans leurs mains le fléau et le sceptre en forme de crosse. Outre ces deux statues, il en est trois autres assises dans le fond du sanctuaire, et autant dans chacune des deux chambres latérales; l'une des trois est une figure de femme. A l'exception du visage qui est mutilé, toutes ces statues sont bien conservées. Dans l'intérieur du temple, sont plusieurs fragmens d'autels en grès et en granit; j'y remarquai beaucoup de figures peintes en rouge, qui semblent avoir de l'analogie avec les sujets du portique.

Non loin de ce temple, on aperçoit de grands restes d'enceintes carrées, semblables à celles que j'avois trouvées le matin; c'étoit sans doute ici la seconde station : elle est à six heures de la précédente (3). Après sept heures de marche, nous campâmes au pied d'une montagne, et nous vîmes quelque peu de végétation; çà et là, des arbustes épars interrompent l'aspect monotone du désert.

Pendant la nuit nous faillîmes éprouver une perte qui eût rendu notre voyage difficile et pénible, et nous eût peut-être obligés de retourner sur nos pas : trois de nos dromadaires avoient pris la fuite; au jour, les chameliers s'en aperçurent, et se mirent aussitôt à leur recherche : guidés par les traces que les pas des chameaux avoient laissées sur le sable, ils vinrent à bout de les découvrir à une assez grande distance dans le désert. Les chameaux, ayant reconnu de loin (car ils ont la vue perçante) le sac où l'on a coutume de mettre le dourah qui sert de nourriture à ces animaux, revinrent d'eux-mêmes à la caravane.

(1) Le temple est à treize lieues dans le désert.

(2) *Voyez* pl. III, fig. 1, et consultez la *Description de l'Égypte*.

(3) *Les dimensions de l'enceinte* qu'on trouve à cinquante pas du temple Égyptien, ne diffèrent pas de celles des précédentes stations; il en est de même de toutes les enceintes qui existent sur la route transversale : celles de la route de Coptos sont plus grandes.

A peu de distance, les chameliers s'arrêtèrent pour honorer, suivant l'usage de toutes les caravanes, le tombeau d'un prétendu saint mahométan; quelques pierres formant un carré sur le sable indiquent cet endroit révéré : ils prirent de l'eau et de la farine, qu'ils déposèrent sur cette tombe. Nous suivîmes notre chemin à travers diverses vallées; au nord, nous laissâmes une autre grande route allant à Qoceyr, sur la mer Rouge. Les blés que le pâchâ tire de la province d'Esné, et qui sont destinés pour la Mecque, sont transportés sur ces deux routes par les *A'bâbdeh :* un amas de maçonnerie en forme pyramidale, placé sur le sommet des deux montagnes qui avoisinent ces chemins, sert à les distinguer. Celui du mont Zabarah, à l'est, est également marqué en beaucoup d'endroits; sans cela, les pluies venant à détruire les traces fugitives que laissent les caravanes, on seroit à tout moment égaré et arrêté par les montagnes. En effet, on croit voir de loin des gorges avec l'apparence d'un passage, on s'y transporte, et on les trouve impraticables. Le sol ne me présenta rien de différent de ce que j'avois vu les journées précédentes; toujours des grès en couches horizontales, plus ou moins colorées d'oxide de fer. Au sud de la route, je trouvai une troisième station semblable aux précédentes, et à huit lieues de distance. Au rapport des *A'bâbdeh,* ces enceintes renfermoient des puits, qui sont la plupart comblés présentement. Notre journée fut forte; nous marchâmes neuf heures, et vînmes camper dans une vallée où nous trouvâmes beaucoup de *seydl.*

Le 5 novembre, nous aperçûmes beaucoup de torrens à sec, formés par les pluies qui descendent des montagnes voisines de la mer Rouge; on n'y voyoit que des fragmens de pierres arrondies par les courans. Cette journée, l'aspect du sol changea; nous parcourûmes quantité de montagnes formées de roches amphiboliques de pétro-silex verdâtre, des filons énormes de quartz hyalin, des roches talqueuses, des roches serpentineuses et des terrains calcaires. Au pied d'un rocher feldspathique est une source d'eau douce, d'un grand secours pour les *A'bâbdeh* qui habitent ces déserts. Avant d'arriver à ce puits, je remarquai à ma droite plusieurs tableaux hiéroglyphiques tracés sur la montagne, semblables à ceux de Philæ; je ne doutai plus que cette route solitaire n'eût été très-fréquentée des anciens. Ces tableaux sont composés de petites figures, et d'un pied environ, gravées assez négligemment; les sujets sont pareils à ceux qu'on voit dans les carrières de Syène, et qu'on croit être les essais d'élèves sculpteurs, qui vouloient s'exercer à ce genre de gravure (1). Après sept heures de marche, nous campâmes dans un vallon garni d'arbustes.

Le 6, nous marchâmes sur de grandes masses de schiste micacé : la vue

___

(1) Les anciennes stations, le temple Égyptien, les tableaux hiéroglyphiques sculptés sur le granit; les maçonneries en forme de pyramide, élevées sur les montagnes en nombre d'endroits, et placées comme des signaux: tout confirme que cette route a été suivie très-anciennement, et qu'elle servoit de communication entre Elethyia ou Apollinopolis, et la route de Bérénice, la ville de Sekket et les mines d'émeraude.

n'étoit plus bornée comme les journées précédentes; à mesure qu'on s'éle-
voit, l'aspect devenoit plus varié. Arrivés à une vaste plaine de sable, nous
trouvâmes quelques cabanes de paille où habitent des Arabes de la tribu
guerrière des *A'bâbdeh*; à notre vue, ils prirent la fuite, et abandonnèrent
leurs bestiaux : ce ne fut qu'avec beaucoup de peine que nos guides les ra-
menèrent à nous; habitués à une indépendance absolue qui fait tout leur
bonheur, les *A'bâbdeh* craignent, sur toutes choses, de rencontrer les gens
du pâchâ. Cette journée, nous marchâmes huit heures; nous traversâmes
une route antique très-remarquable, qui traverse obliquement le désert, et
dont je parlerai plus loin.

Le 7, nous suivîmes notre route en gravissant des montagnes plus élevées,
et nous passâmes beaucoup de torrens qui descendent tous vers le Nil, et
qui alors étoient à sec. Sur le soir, il fallut traverser un passage difficile et
périlleux pour nos chameaux : du sommet d'une montagne, un petit sentier
très-rapide descend, en tournoyant, dans une gorge formée par une autre
montagne; à droite, un précipice horrible se présente sous les pas. Mes chameliers se mirent deux à chaque chameau; l'un conduisoit l'animal par la
bride, et l'autre le retenoit par la queue : à force de peine, on parvint à
descendre ainsi le défilé. Du sommet de cette montagne, je découvris une
vue admirable. Les innombrables rochers qu'on aperçoit sont nus et stériles,
mais nuancés de mille couleurs différentes; leur sommet indestructible s'élève
majestueusement au ciel : çà et là, quelques arbustes prospèrent dans ces
vallons arides et brûlans; la mer est dans le lointain; enfin le soleil de ses
rayons mourans éclairoit cette grande perspective : tableau imposant, malgré
l'aspect sauvage et triste de ces montagnes arides! Ici, le sol est composé de
roche feldspathique verdâtre, avec des filons de schiste bleuâtre feuilleté,
beaucoup de filons de quartz hyalin et des calcaires ferrugineux. Après neuf
heures de marche, nous campâmes au pied d'une montagne garnie de petits
arbustes.

Le 8, nous parcourûmes beaucoup de lits de torrens, tous dirigés *vers
la mer Rouge*. La chaîne de montagnes que nous avions traversée la veille,
s'étend du nord au sud. Après cinq heures de marche, nous arrivâmes, en
suivant un vallon, au pied d'une grosse montagne appelée *Zabarah* par les
A'bâbdeh; elle est à sept lieues de la mer Rouge, et à quarante-cinq lieues
au sud de Qoceyr.

Mes guides me dirent qu'il y avoit dans la montagne des souterrains immenses. En entrant dans ce vallon, je vis à ma gauche les traces d'un ancien
cimetière musulman et beaucoup de ruines d'habitations; ce qui me surprit
beaucoup dans un désert aussi retiré. Bientôt j'arrivai aux souterrains; je
les reconnus d'abord pour être des mines.

J'ignorois encore quelle sorte de mine ce pouvoit être; je n'avois qu'en-
trevu des filons de mica, de talc et de schiste, qu'interrompent des masses de

granit formant le corps de cette montagne. Je chargeai aussitôt trois *A'bâbdeh* de creuser vers l'issue d'une de ces excavations. Comme je venois de m'asseoir sur des débris pour me reposer des fatigues essuyées tout ce jour et les précédens, ma vue se porta sur un fragment d'émeraude d'un vert foncé. Quelles furent ma joie et ma surprise! Oubliant toute fatigue, et impatient d'entrer dans cette galerie, j'encourageai les *A'bâbdeh*, et je me mis moi-même à l'ouvrage avec eux; bientôt nous pûmes nous introduire dans la mine. Sans retard, j'allume des flambeaux, et, accompagné de mon interprète et d'un A'bâbdeh, je descends dans un chemin très-oblique; après cent pas, l'inclinaison trop rapide du filon rendoit le chemin dangereux. L'A'bâbdeh, effrayé, retourne sur ses pas; mon interprète, trouvant le passage trop étroit, hésite et s'arrête: je descendis tout seul pendant trois quarts d'heure; après ce temps, je trouvai le chemin fermé par un éboulis de masses énormes de mica qui s'étoient détachées du plafond. J'étois seul pour les écarter et ouvrir le chemin; j'étois parvenu à quatre cents pieds sous terre par beaucoup de passages difficiles et même périlleux: ce travail étoit au-dessus de mes forces; il me fallut y renoncer. J'allois remonter, mécontent de n'avoir rien découvert, lorsque, dans la masse de ces micas, j'aperçus un prisme hexaèdre d'émeraude; je le détachai avec soin, en le conservant dans sa gangue. J'errai encore près de deux heures dans ces étroites galeries; ce qui inquiéta mon interprète: la grande distance où je me trouvois de lui sous terre, ne me permettoit plus d'entendre ses cris réitérés; il envoya chercher une corde, qu'il laissa descendre dans la mine, pensant qu'elle pourroit tomber jusqu'à moi, et m'être de quelque secours pour remonter; mais aucun de mes gens n'osa descendre. Ma lumière étoit sur le point de m'abandonner; après m'être reposé un moment, je repris le chemin d'en haut, qu'il me fallut gravir péniblement. Au milieu du profond silence qui régnoit, la voix de mon interprète parvint enfin à mes oreilles; guidé par cette voix, j'arrivai jusqu'à lui. Sa première question fut: « Avez-vous beaucoup d'émeraudes? » Je lui dis que non, mais de manière à le persuader que j'en avois rempli mes poches; ce qui le punit plus que tous les reproches que j'aurois pu lui faire.

Le 9, je passai toute la journée à faire des recherches dans la montagne; je trouvai plus de quarante excavations semblables à celle où j'étois descendu la veille. Sur cette montagne sont plusieurs réservoirs, coupés dans des couches de talc qu'interrompent les granits: ces réservoirs, destinés à conserver l'eau de pluie, étoient à sec; depuis deux ans il n'avoit pas plu dans cette partie du désert. Les mines, abandonnées depuis beaucoup de siècles, se trouvent sans doute comblées la plupart par des éboulis de la montagne et par les pierres que les torrens charient. La montagne qui avoisine celle-ci, est également remplie d'excavations qui s'étendent à de grandes profondeurs. Le gisement de l'émeraude, autant que j'ai pu le reconnoître,

Q

est dans des filons de mica noir et de schiste argileux micacé, qui pénètrent les masses de granit dont le corps de ces montagnes est formé.

A la nuit, nous vîmes arriver trois guerriers *A'bâbdeh*, armés de lances; ils portent aussi des couteaux attachés au bras gauche, et des boucliers de peau de crocodile ou de rhinocéros; ils sont vêtus d'une chemise de laine, et leur énorme chevelure ressemble à celle des *Barâbras* ou Nubiens. Leur aspect nous étonna d'abord; mais nous étions en force : ils demandèrent ce que nous faisions dans ce vallon; je leur fis voir par mes firmans que j'étois autorisé par Mohammed A'ly pâchâ, vice-roi d'Égypte, à parcourir toute cette partie du désert : ils prirent ce papier; et, après y avoir reconnu le cachet du pâchâ, ils le portèrent sur leur tête, et, au nom de Mahomet, ils nous souhaitèrent toute sorte de bénédictions. Ensuite ils nous prévinrent qu'il étoit dangereux de dormir près de ces souterrains, refuge des serpens, des loups et autres animaux carnassiers, et demeure des lutins. Je remerciai ces braves gens, et je profitai de leurs conseils. Ils passèrent la nuit près de ma tente, et je leur fis présent de tabac et de café. De toute la nuit, mes gens ne purent dormir; ils employèrent tout le temps à tirer des coups de fusil, pour écarter les esprits malins dont leur avoient parlé les *A'bâbdeh*.

§. II.

Description des Souterrains du mont Zabarah. Excursion à la mer Rouge. Montagne de soufre et traces volcaniques. Retour au Nil. Arabes Bicharyeh. *Station antique, et Route de Bérénice. Désert. Esné, Thèbes, Qaoû. M. Cailliaud présente des émeraudes au Pâchâ. Mohammed A'ly ordonne une seconde expédition aux mines de Zabarah. Mineurs Grecs et Albanais, tirés de l'Archipel et de la Syrie. M. Yousef Boghos, M. Burckhardt, &c. Peste au Kaire. Thèbes. Accident sur le Nil. Séjour à Syout, chez le Docteur Maruchi, avec M. Drovetti. Caravane de Dârfour. Départ de Redesyeh.*

Le 10 novembre, j'allai encore parcourir quelques-uns des souterrains: dans l'un d'eux, j'arrivai avec beaucoup de peine et par un sentier très-étroit, à quatre-vingts pieds sous terre, jusqu'à une petite plate-forme, où, heureusement, je m'arrêtai pour respirer; car ma foible lumière me fit apercevoir à mes pieds un précipice horrible, dans lequel je serois infailliblement tombé, si j'avois fait quelques pas de plus. Cette excavation est assez vaste pour que trois cents hommes puissent y travailler à-la-fois : je voulus y descendre; j'appelai du monde, et je demandai des cordes : mais personne ne répondit; je fus contraint, à mon grand regret, d'abandonner ces recherches, ne pouvant les poursuivre seul, ni avec des hommes superstitieux et faciles à effrayer. Je retournai à ma tente, où des *A'bâbdeh* nous apportèrent en présent deux moutons. J'ordonnai aussitôt les préparatifs du départ.

Sur les dix heures, je montai à dromadaire, en me dirigeant dans les montagnes au sud, vers la mer : j'allois visiter une montagne de soufre que les *A'bâbdeh* connoissoient dans les environs. Au bout de deux heures de marche, nous trouvâmes, au pied d'un énorme rocher de pétro-silex verdâtre, une source d'eau douce ; après y avoir rempli nos outres, nous entrâmes dans un vaste vallon, et nous arrivâmes à des rochers énormes de granit. Ce granit diffère de celui des cataractes par son grain fin et par le mica, qui y est très-abondant. Les montagnes sont sillonnées dans tous les sens par de longs filons de roche feldspathique noirâtre, qui, sur des granits colorés superficiellement en rose, produisent un singulier effet ; des arbres sont disséminés cà et là dans le vallon : cet endroit est appelé *el Ghadyr.*

Le 11, nous continuâmes à descendre dans le vallon. Sur les deux heures, on découvrit la mer Rouge, et le soir on y arriva. Nous suivîmes notre route sur les rives de la mer, où je m'arrêtai à ramasser quelques coquilles, telles que la quenouille, la coquille de Pharaon, la harpe vulgaire, le bénitier (1), &c. Je vis une île inhabitée, avec des arbres, à trois ou quatre lieues en mer (2) ; mais je ne pus la visiter, faute de barque sur ces côtes. Nous campâmes après huit heures de marche : toute la nuit, le bruit des vagues qui se brisoient avec fureur contre les rochers, se fit entendre avec un fracas épouvantable.

Le 12, je partis avant le jour pour jouir du lever du soleil, et ramasser des coquilles sur le bord de la mer. Sur les trois heures, nous arrivâmes à la mine de soufre, appelée par les *A'bâbdeh, Gebel Kebryt,* ou la montagne de soufre : j'y étois conduit par les fragmens que les pluies entraînent dans les chemins des environs. La montagne se trouve située à un quart de lieue de la mer Rouge, et à soixante lieues au sud de Qoceyr ; elle forme une gorge très-étroite, creusée en partie par le cours des torrens et des eaux pluviales : le gisement est, à peu près comme pour le soufre de Sicile, dans la chaux sulfatée, partie soyeuse, partie transparente. Toutes ces montagnes ont subi l'action du feu, et il paroît qu'un embrasement superficiel a consumé une grande masse de ce minéral. Les montagnes se trouvent recouvertes, dans divers endroits, de dix jusqu'à vingt pieds de pouzzolane, et la terre conserve encore les marques de l'embrasement, qui s'est arrêté à des couches

(1) Outre ces coquilles, j'ai trouvé des rouleaux ou cornets, tels que le damier, l'écorché, une espèce de panama, des tonnes de belle espèce, des buccins, des rochers ; des limaçons à bouche ronde, demi-ronde et aplatie, tels que la veuve, la bouche d'argent, le sabot chinois, le sabot tuilé, et des nérites ; beaucoup de porcelaines, telles que la peau de tigre, la fausse arlequine, la neigeuse, le faux argus, la tête de serpent, &c. Les deux plus intéressantes que j'aie trouvées, sont la coquille de Pharaon et le cœur de Vénus. Je me plus à remarquer l'organisation de ces coquilles, accumulées par familles, qui se maintiennent en une même place ; en suivant la seule famille des bénitiers, je fis près d'un quart de lieue. Cette dernière coquille est énorme ; on en trouve fréquemment de semblables dont le poids est de cent livres.

(2) Le journal de M. Cailliaud porte *trois quarts ;* mais je pense qu'il faut *trois à quatre.*

énormes de chaux sulfatée; cette couche étoit trop forte pour que le feu se communiquât intérieurement et atteignît le soufre. On trouve celui-ci par couches, en partie horizontales, d'un beau jaune citron : je ne l'ai point rencontré cristallisé. On reconnoît que cette mine a été exploitée par les anciens; mais ils n'ont enlevé que deux filons, sans aller plus loin. Si cette mine se trouvoit à la proximité des objets qu'exige l'exploitation, on en tireroit un parti avantageux.

Un de mes gens, que la fatigue et la chaleur avoient engagé à se reposer dans une des excavations de la mine, se mit à fumer, et s'endormit ensuite, laissant sa pipe allumée; bientôt le feu se communiqua au soufre. Il respiroit depuis long-temps des exhalaisons sulfureuses, lorsqu'il fut réveillé par cette odeur suffocante; on parvint heureusement à éteindre le feu, qui auroit pu consumer une grande partie de la mine (1).

Le 13, nous partîmes pour retourner au Nil; toute la journée nous traversâmes des montagnes de granit à grain fin. Les vallons sont garnis d'acacias, et habités par des Arabes *Bicharyeh* ou *Bicharyn* (2) : ces Arabes habitent le désert qui est au midi de Syène et à l'orient du Nil; ils parlent une langue différente de l'arabe. Nous achetâmes d'eux des moutons. Ainsi que les *A'bâbdeh*, les *Bicharyeh* portent toujours la lance et le bouclier; jamais ils ne sortent sans être armés : ces Arabes, dans le désert, ont une lance à la main, comme en Europe on porte une canne. Le soir, après sept heures de marche, nous dressâmes la tente.

Le 14, nous trouvâmes une source d'eau douce : nous marchions entre deux chaînes de granit; un vent impétueux qui souffla toute la journée, enlevoit de grands tourbillons de sable, dont nous eûmes beaucoup à souffrir. Ce même jour, nous traversâmes une large route venant obliquement de Qeft, l'ancienne Coptos, et se dirigeant au sud-est; elle est encore en partie pratiquée par les Arabes. Nous y trouvâmes une station antique : c'est une vaste enceinte élevée en pierre sèche, qui renfermoit un puits aujourd'hui comblé par les sables; autour sont de foibles restes d'habitations en ruine. Les *A'bâbdeh* et les *Bicharyeh* m'assurèrent que des enceintes semblables à celle-ci existoient depuis Qeft jusqu'aux environs de la montagne d'Elbé, et que de celle où nous étions, jusqu'à Qeft, on en comptoit cinq : je ne doutai plus alors que cette route ne fût celle dont parlent les anciens, et qui s'étendoit de Coptos à Bérénice; et je regarde comme certain qu'en suivant la route au sud-est, on parviendroit aux ruines de Bérénice, qui, je crois, doivent se trouver entre le 23.ᵉ et le 24.ᵉ degrés de latitude, non loin de la montagne d'Elbé, dont les environs sont occupés par de nombreuses troupes de *Bicharyeh* (3). Nous marchâmes cette journée pendant huit heures.

Le 15, nous parcourûmes une longue chaîne formée d'un granit friable

(1) Le terrain est formé d'ocre rouge et jaune.
(2) On prononce aussi *Bichary*.

(3) *Voyez* ci-dessus la Notice géographique sur la planche I.ʳᵉ

à la superficie, à grain fin et à feldspath blanc. La vue n'étoit plus bornée, comme les jours précédens ; une vaste plaine nous permit de découvrir à quatre lieues à la ronde. Sur le soir, nous campâmes après avoir marché pendant huit heures et demie : en cet endroit, les rochers étoient des masses de feldspath verdâtre.

Le 16, nous nous mîmes en route au lever du soleil, et nous parcourûmes un torrent bordé de roches amphiboliques et feldspathiques, et nous vînmes camper sous un énorme rocher de grès. Ce torrent est rempli de *seyâl* et d'autres arbres qu'on appelle *dattiers du désert:* ce dernier arbre porte un petit fruit de la forme d'une datte, mais qui est toujours âpre au goût ; la feuille est à peu près celle du poirier (1). Au nord de la route, nous trouvâmes plusieurs puits d'eau douce, et nous séjournâmes pour en faire provision. Ce jour, la marche fut de neuf heures.

Le 17, nous suivîmes, toute la journée, une vallée bordée d'énormes rochers de grès : tout ce désert est rempli de coloquintes. Après une pause, qui étoit nécessaire pour faire reposer les chameaux, fatigués d'une aussi longue route, nous nous mîmes de nouveau en route, et nous marchâmes encore quatre heures. Cette forte journée fut de onze heures en tout.

Je remarquai, chemin faisant, la manière dont les *A'bâbdeh* préparent leur nourriture : après avoir fait un grand feu, ils y jettent de petites pierres ; ils forment ensuite une pâte très-épaisse de farine de dourah, et en font un gâteau ; ils retirent le feu, mettent ce gâteau sur les pierres échauffées, et ils le recouvrent de charbons et de cendres chaudes : cette pâte à moitié cuite, avec l'eau du désert, souvent saumâtre, forme toute leur nourriture, et les soutient assez pour marcher ou plutôt pour courir derrière les chameaux pendant huit et neuf heures chaque jour, ayant les pieds nus et sur un sable brûlant. Comment, avec si peu d'alimens, peuvent-ils résister à ces cruelles fatigues ? La vigueur et la sobriété du chameau sont encore plus surprenantes.

Le 18, nous ne vîmes plus d'arbres ; une chaîne de montagnes de grès bordoit la route jusqu'au Nil ; nous traversâmes un passage difficile, et nos chameaux nous portèrent avec beaucoup de peine jusqu'au lieu du campement, après dix heures de marche : depuis cinq jours, ils n'avoient plus de dourah, et ne mangeoient plus que quelques brins d'herbe du désert ; on fut contraint de leur donner la paille qui bourroit les selles.

Le lendemain, l'un de nos chameaux, trop malade pour nous suivre, fut laissé sur la route ; enfin, sur les trois heures, on aperçut le Nil et ses bords toujours verts, et, une heure après, nous atteignîmes Kavoisi (2), petit

(1) Il se peut que cet arbre soit le *persea* des anciens ; c'est le même que l'on connoît sous le nom d'*allobe* dans le pays de Taka, sur la route de Chendy à Souakin. (*Voyez* le Voyage de Burckhardt, *Travels* *in Nubia, &c.* pag. 399 et 539.) (*Note de l'Éditeur.*)

(2) Ce village, dont j'ignore le nom correct, correspond à Naga' el Beled. (*Note de l'Éditeur.*)

R

village au sud de Redesyeh. Arrivé à la presqu'île de Redesyeh, je demandai au qâymaqâm des chevaux et des chameaux pour les bagages, et je partis pour Esné. Le 30, je pris une barque pour le Kaire, où j'arrivai le 10 janvier 1817.

M. Yousef Boghos, Arménien, premier interprète et ministre de Mohammed A'ly pâchâ, me présenta aussitôt à ce prince, pour lui faire part de mes heureuses découvertes. Le vice-roi écouta avec intérêt la description des mines que j'avois visitées; après un long entretien, il fut résolu que je retournerois sur les lieux, avec les ouvriers nécessaires pour l'exploitation. Mais les préparatifs devoient exiger beaucoup de temps; il falloit faire venir des ouvriers Albanais, la plupart de la Syrie, et des Grecs de l'Archipel.

Pendant que ces préparatifs me retenoient au Kaire, je fis la connoissance de plusieurs personnes distinguées par leur mérite; mais je dois, avant tout, rendre ici hommage aux talens et aux qualités de M. Yousef Boghos, ministre de Mohammed A'ly : cet homme habile parle quatre ou cinq langues avec la même facilité, et avec autant de précision que d'élégance; par ses manières pleines de douceur et de politesse, il a l'art de se concilier tout le monde et de charmer les esprits les plus opposés; on le quitte toujours avec la persuasion qu'on réussira dans ce qu'on a entrepris; ses procédés sont nobles, son extérieur imposant. Naturellement porté à obliger les Européens, il n'a cessé de répandre sur moi toutes les grâces que sa position le mettoit à portée de me faire obtenir.

Je connus à cette époque M. Burckhardt, attaché à la société Africaine de Londres, et Suisse d'origine, parlant très-bien les langues orientales, voyageur infatigable, accoutumé depuis long-temps aux privations et aux fatigues des marches les plus pénibles, dans les déserts de la Syrie, de l'Égypte et de l'Arabie; il étoit généralement connu en Égypte sous le nom de *Cheykh Ibrâhym* (1).

Dans une maison du Kaire, je rencontrai M. le chevalier Lascaris, que

---

(1) Une fin prématurée a mis un terme à ses recherches; M. Burckhardt, encore jeune, laisse après lui de profonds regrets. La publication sans doute prochaine de ses Voyages rendra plus sensible encore la perte qu'on a faite par la mort de ce voyageur *.

* Depuis que ces lignes ont été écrites, le Voyage du malheureux Burckhardt a paru à Londres en un volume, sous ce titre : *Travels in Nubia by the late John Lewis Burckhardt*, London, 1819, in-4.° Cet ouvrage est du plus haut intérêt sous le rapport de la géographie. L'auteur y a répandu les détails les plus précieux sur les mœurs, le sol et les productions, tant de la Nubie, depuis Asouân jusqu'à Soleb, que du pays compris entre Berber, Chendy et Souakin; ce qui forme deux divisions principales dans la relation : elle est enrichie d'un appendice non moins intéressant, où le savant voyageur a réuni un itinéraire à Bournou par le Dârfour; à Chendy; des notices sur le pays de Soudân; des vocabulaires des langues de Borgo et de Bournou; enfin un long morceau de l'Histoire de Maqryzy en ce qui regarde la Nubie, avec des notes très-curieuses. L'une de ces notes mérite d'être rapportée ici, au moins par extrait. A propos du désert compris entre Qous et Aïdab, l'auteur cite le fameux voyageur Ebn

Batouta, qui l'avoit traversé plusieurs fois, et qui l'a décrit dans sa relation; ensuite il parle en ces termes de M. Cailliaud : « Le désert « dont Ebn Batouta a donné la description, a été visité, dans l'automne « de 1816, par un Français nommé *Cailliaud*. Mohammed A'ly pâchâ « l'avoit envoyé à la découverte de la mine d'émeraude : son voyage « a été facilité par tous les moyens qui sont à la disposition du gou- « vernement d'Égypte, et il a réussi. Il est revenu au Kaire en janvier « 1817 : ses découvertes sont d'un grand intérêt. » (*Suit un assez long détail du voyage au mont Zabarah, et de la route antique découverte par notre voyageur.*) « Il reste peu de doute que « ce chemin ne fût la grande route de Coptos à Bérénice, et de là « peut-être jusqu'à Aïdab. Les Arabes ont dit au voyageur qu'en « continuant la route qu'il a traversée, on arrive à un grand temple « orné de colonnes, et situé à plusieurs journées d'Asouân, vers l'est. « M. Cailliaud est sur le point de faire une seconde excursion pour « découvrir les mines d'or.... Il se propose d'examiner avec tout le « soin possible le désert situé entre le Nil et la mer Rouge, jusqu'à « huit ou dix jours au midi de Qoceyr. Le pâchâ, qui s'occupe « beaucoup de la recherche des mines, a donné toutes les facilités « et toutes les sûretés pour son voyage, dont on doit attendre une « relation très-intéressante. » *Travels in Nubia, &c.* pag. 520, 533, 537 et suiv. (*Note de l'Éditeur.*)

j'avois connu en Grèce, et qui m'avoit rendu des services que je ne puis
passer sous silence. Arrivé de la Sicile à Micóni, sur une barque que j'y
avois achetée, et avec laquelle je me rendois à Smyrne dans la compagnie
d'un ami, je me trouvai réduit, par les circonstances les plus fatales, et
dont je n'entreprendrai pas d'expliquer la cause, à nous partager quelque
peu de féves, et bientôt à manquer de toute ressource. Un homme à barbe
vénérable, vêtu à la turque, s'approche de notre barque, et nous adresse la
parole en français : dans une position aussi difficile, sa présence nous rendit
la vie. S'apercevant de notre pénible situation, M. Lascaris s'empressa de
nous apporter toute espèce de secours, et nous combla de bienfaits. Lorsque
je le vis au Kaire, il étoit souvent auprès d'Isma'yl pâchâ, qui savoit apprécier ses connoissances, et lui témoignoit beaucoup d'égards. Il me proposa,
à cette époque, un voyage en Abyssinie, où il vouloit, me dit-il, se fixer:
malgré le désir que j'avois de voir ce pays, sur-tout en sa compagnie, j'eus
le regret de ne pouvoir accepter sa proposition. On assure que cet homme
aussi estimable que franc et généreux a péri depuis peu; il descendoit des
princes de Trébisonde.

La saison fatale où, presque tous les ans, on voit la peste éclater au Kaire,
ne tarda pas à arriver, et la contagion atteignit même le quartier des Francs,
où j'habitois. Il falloit s'exposer à une réclusion de trois mois, ou partir sur-
le-champ. Je demandai donc que l'on accélérât mon voyage, ou qu'on me
permît, en attendant la fin des préparatifs, de remonter dans la haute
Égypte, et d'y attendre les ouvriers destinés à l'exploitation des mines. Cette
permission me fut accordée, et je quittai le Kaire le 5 février suivant. Arrivé
à Thèbes, je m'établis dans un temple, préférant ce séjour à toute autre habitation. Ce fut avec un nouveau plaisir que je visitai pour la cinquième fois
ces admirables monumens, et que je m'occupai de la recherche des antiques :
mes recherches furent assez fructueuses, et je trouvai plusieurs beaux morceaux, qui ont été le commencement d'une collection assez intéressante, aujourd'hui déposée à la Bibliothèque du Roi. Six mois s'écoulèrent dans cet
heureux voyage avec la plus grande rapidité; après quoi, je descendis le
Nil pour retourner au Kaire (1).

(1) Dans le cours de ma navigation sur le Nil, j'eus
le malheur de voir ma barque submergée près de Hoû,
l'antique *Diospolis parva.* Les marins étoient dehors de
la barque : au milieu de la nuit, comme nous dormions
d'un profond sommeil mon interprète et moi, je me
sentis tout-à-coup plongé dans l'eau; je réveillai mon interprète, qui, plus pesant que moi, fit, en se levant,
enfoncer la barque tout-à-fait. Heureusement elle étoit
attachée à terre par un cordage; ce qui nous donna le
temps de nous jeter dans le Nil, et de gagner les bords
du fleuve. J'arrivai sur le rivage presque nu, et couvert
seulement par un morceau de la voile que nous étions
parvenus à détacher; je m'enveloppai dans l'étoffe en
attendant le jour : après beaucoup de travail, nous parvînmes à tirer la barque jusqu'à terre; la charge avoit
séjourné huit heures dans l'eau. Enfin le jour arriva, et
je passai la journée à faire sécher mes effets, dont une
partie fut perdue, parmi lesquels je regrette beaucoup
deux beaux papyrus : mais il falloit se consoler; car
trois minutes de plus, et nous périssions infailliblement.
En faisant raccommoder la barque, nous trouvâmes le
trou par où elle s'étoit emplie; les étoupes en avoient
été retirées probablement par les rats. Ces aventures sont
assez fréquentes sur le Nil, et pareillement occasionnées
par les rats, qui attaquent le calfatage des barques, la
plupart en assez mauvais état.

Le 3 mai, j'arrivai à Syout, où je fis un séjour de trois mois, sous le toit hospitalier de M. Maruchi, Piémontais, qui y fait sa résidence en qualité de médecin de Mohammed bey, gouverneur de la haute Égypte. M. Maruchi me prodigua, pendant tout le temps de mon séjour chez lui, les offres les plus amicales et les soins les plus attentifs : tous les voyageurs qui l'ont connu rendent le même témoignage de sa générosité. Durant mon séjour à Syout, je vis arriver la caravane de Dârfour, composée de seize mille têtes ; depuis sept ans, il n'en étoit pas venu : elle amenoit de l'ivoire, des plumes, du tamarin, et six mille hommes, enfans, femmes et jeunes filles. Je montai sur les terrasses les plus élevées de la maison, et, avec le secours d'une longue vue, j'observai dans le désert les mouvemens de la caravane, marchant à pas lents, sans ordre, éparpillée sur cette mer de sable, comme des points noirs presque imperceptibles. J'allai ensuite à la montagne pour voir les voyageurs descendre de chameau ; ils avoient beaucoup souffert et perdu du monde : la plupart étoient épuisés de fatigue, après deux mois de marche dans les déserts, par les plus grandes chaleurs de l'année ; leurs yeux étoient abattus, leur corps maigre et défait, leur figure décharnée ; l'aspect de la mort étoit peint sur tous leurs traits : c'étoit un spectacle digne de pitié. Mais un plus triste sort les attendoit. De toutes les parties de l'Égypte, il accourut des curieux et des marchands : parmi les jeunes garçons de cette caravane, deux cents alloient être achetés par des spéculateurs pour subir, entre les mains d'un bourreau, l'opération la plus affreuse, et passer ensuite dans les sérails ; commerce infame et révoltant ! Enfin ces malheureux tendirent leurs tentes, en attendant qu'il leur fût permis d'entrer en Égypte. Ces tentes ne sont point couvertes ; elles ne consistent qu'en séparations de toile : elles servent aussi à les mettre à l'abri des regards de la populace qui afflue autour d'eux. Mohammed A'ly pâchâ fixa lui-même le prix de l'ivoire, et le garda pour lui ; le gouverneur de la haute Égypte en fit de même de tout ce qui put lui convenir, et les marchands retournèrent à Dârfour assez mécontens.

Sur ces entrefaites, M. Drovetti arriva à Syout, se rendant à Thèbes pour présider à des fouilles qu'il faisoit exécuter depuis quelque temps avec le plus grand succès : il m'apprit que l'expédition pour les mines d'émeraude s'organisoit au Kaire, et qu'il étoit urgent que je m'y rendisse. Je partis donc, et je quittai à regret le docteur Maruchi, dont la demeure avoit été pour moi comme la maison paternelle. M. Drovetti me renouvela encore ses offres de service avec cette loyauté et cette générosité dont tant d'Européens ont eu à se louer en Égypte, et qui lui assurent leur éternelle reconnoissance.

Arrivé au Kaire le 9 août, j'y trouvai les ouvriers, que l'on avoit réunis au nombre de soixante. Le vice-roi me donna son laghum-dgi-bachi [maître mineur], pour me seconder dans mes opérations, et aussitôt nous remontâmes tous ensemble dans la haute Égypte.

A Redesyeh, nous prîmes cent vingt chameaux pour le transport de nos hommes, des provisions, des outils, &c., et en outre cinquante *A'bâbdeh* pour soigner les chameaux.

§. III.

Deuxième Voyage au mont Zabarah. Stations antiques de la route de Coptos à Bérénice. Le Voyageur s'égare dans le désert. Les puits étant à sec, les Albanais se révoltent contre lui. Il parvient à trouver de l'eau. Travaux dans les mines. Autres mines d'émeraude dans le sud. Ruines de Sekket, ancienne ville des mineurs. Trois Temples Grecs.

LE 3 novembre 1817, notre caravane se mit en marche, et entra dans le désert; nous suivîmes, jusqu'à la quatrième journée, la route que j'avois prise la première fois.

Le 7, nous continuâmes à travers des montagnes au nord du chemin que j'avois suivi précédemment, et nous montâmes dans une gorge remplie de *seydl.* Dans cette partie du désert, on trouve du séné et plusieurs herbes aromatiques. Sur le soir, je trouvai au nord de la route une enceinte carrée de soixante pieds, dont les murs ont douze pieds d'épaisseur; elle renferme un puits aujourd'hui comblé par les sables; autour sont des ruines et des décombres annonçant l'existence d'anciennes habitations: je reconnus encore cette enceinte pour être une station de l'antique route de Coptos à Bérénice, placée à une journée et demie de celle que j'avois trouvée plus au sud dans mon précédent voyage (1). Le mauvais état du bâtiment ne permet pas d'en bien reconnoître la construction primitive. La végétation que j'aperçus au milieu de l'enceinte, dans un bas-fond, fut pour moi l'indice d'un ancien puits: c'est aussi ce que rapporte la tradition des *A'bâbdeh;* et plus tard, j'en ai obtenu la confirmation. Le chemin que nous suivions alors, étoit détourné et plus long; mais nous évitions ainsi l'*a'qabah* ou défilé que nous avions traversé la première fois, passage très-périlleux pour les chameaux: dans cette occasion, mes guides s'étoient égarés, et nous avions été contraints de passer cette montagne dangereuse, afin de reprendre la route.

Le lendemain 8, nous continuâmes vers l'est; la vue s'étendoit assez loin: on apercevoit tout autour les sommets de montagnes éloignées. Nous arrivâmes entre deux chaînes formant un passage très-étroit; après l'avoir descendu et avoir marché onze heures, nous campâmes au pied de grosses montagnes composées de roche feldspathique.

Le 9, nous nous mîmes en marche au lever du soleil; sur les dix heures, nous trouvâmes une source: je m'y arrêtai avec le laghum-dgi-bachi et mon interprète; la troupe suivit la route avec les guides. Après avoir pris un

(1) *Voyez* page 64.

S

repas, nous remontâmes à dromadaire pour rejoindre la caravane ; mais nous avions perdu ses traces, et nous étions égarés. Par malheur, de fausses traces de chameaux nous firent prendre un mauvais chemin dans ces montagnes écartées, et nous parvînmes dans des gorges presque impraticables : enfin, après une marche longue et pénible, dans des chemins non frayés, nous arrivâmes le soir du 10 novembre au mont Zabarah, où la caravane étoit déjà rendue.

Mais quelle fut mon inquiétude, quand je vis que les pluies qui tombent ordinairement dans cette saison sur cette partie des rives de la mer Rouge, et qui alimentent les sources du désert, n'avoient point encore commencé ! Tous les réservoirs dont j'ai parlé étoient à sec ; les deux puits, les seuls qu'il y ait dans ces environs, étoient taris. Notre caravane, au nombre de cent vingt hommes, étoit arrivée sans eau, et j'avois en outre cent vingt chameaux à abreuver. En un moment, l'épouvante devient générale ; on se plaint hautement, on murmure contre moi et le laghum-dgi-bachi ; on lui demande de l'eau, on l'accable d'injures, on le traîne par la barbe : à mon tour, on me traite de *dgiaour* ou d'infidèle. Aussitôt nous prîmes le parti de nous rendre, à deux lieues de Zabarah, à un puits que j'avois vu dans mon précédent voyage : malgré les fatigues de la journée, nous fîmes ces deux lieues en moins de cinq quarts d'heure ; chacun vouloit arriver avant les autres : l'espérance soutenoit nos forces ; espérance trompeuse, qui s'évanouit bientôt ! Un parti d'Albanais, arrivé des premiers, cerne le puits, et s'en empare les armes à la main ; l'autre parti, la plupart composé de Grecs, s'approche des Albanais. La dispute commence et s'échauffe ; c'est à qui descendra dans le puits, qui contenoit à peine cinq outres d'eau : les Grecs et les Albanais en viennent aux mains ; plusieurs dans la mêlée sont précipités ; le désordre devient général.

Enfin, accablés de fatigue, ils se calment un peu ; une partie veut retourner au Nil : mais les chameaux, épuisés eux-mêmes, ne peuvent les porter ; les forces leur manquent : alors tous nos gens tombent sur le sable, et s'abandonnent au désespoir ; le plus profond silence règne dans la troupe.

Je m'approchai d'eux avec le laghum-dgi-bachi ; là, étendus sur le sable, nous nous livrâmes aux réflexions les plus déchirantes. Dans une si cruelle anxiété, j'étois hors d'état de goûter le sommeil : aussitôt que je fus revenu de cette première stupeur, je conçus le projet de partir dans la nuit même pour les rives de la mer Rouge.

De son côté, le laghum-dgi-bachi s'empressa de faire jouer quelques mines dans le puits, espérant par là obtenir de l'eau ; puis je partis avec six chameaux. Arrivé sur les bords de la mer, je fis creuser un trou, présumant trouver de l'eau potable, réunie par l'effet de la filtration à travers les sables : mon espérance ne fut pas trompée ; et je réussis à m'en procurer assez abondamment pour en charger les six chameaux, que j'envoyai au camp sans délai : cette ressource fut pour moi d'un grand secours. Le laghum-dgi-bachi réussit également à obtenir de l'eau. On pouvoit compter chaque jour sur un verre d'eau douce par homme : à mon arrivée, le calme se rétablit.

Nous renvoyâmes au Nil la plupart des chameaux et quarante *A'bâbdeh*. Les sources devinrent plus abondantes; bientôt la ration fut portée à une bouteille d'eau par homme : pendant les six jours précédens, nous n'avions eu pour toute nourriture qu'un peu de biscuit trempé dans l'eau.

Ne pouvant, pour le moment, exiger de nos ouvriers qu'ils travaillassent aux mines, nous les employâmes à creuser deux puits, pendant quatre heures seulement par jour. Toutes nos peines et nos fatigues furent inutiles : même à une très-grande profondeur, nous ne pûmes obtenir de l'eau; ce qui nous contraignit à renvoyer encore au Nil une autre partie de nos ouvriers. Enfin nous demeurâmes avec quarante hommes, auxquels je pus faire suivre quelques travaux dans les mines. On trouve l'émeraude dans des filons de schiste argileux micacé et des couches de mica noir; elle se trouve aussi dans des cavités accidentelles de plusieurs granits; les plus limpides se rencontrent dans le quartz hyalin. Trente jours s'écoulèrent ainsi : mais, avec si peu de monde, je n'avois pu prendre encore qu'une foible connoissance de ces carrières; elles sont si considérables, que les travaux y ont été poussés jusqu'à huit cents pieds sous terre : il s'y trouve des excavations assez vastes pour que quatre cents hommes y travaillent à-la-fois.

Le 22, nous montâmes à dromadaire, le laghum-dgi-bachi, moi et mon interprète, pour faire quelques recherches dans les environs, et nous nous dirigeâmes au sud, à sept lieues du mont Zabarah; nous trouvâmes des montagnes de même nature, avec des carrières d'émeraude beaucoup plus considérables que les précédentes. Elles renferment peut-être mille excavations : des chaussées de pierre d'une longue étendue ont été pratiquées pour faciliter les communications. De cette manière, les chameaux pouvoient porter la provision aux ouvriers, jusque sur le sommet de ces montagnes, où sont les ouvertures des mines. Enfin l'on rencontre par-tout les traces de travaux très-considérables, qui sont évidemment l'ouvrage des anciens. Avec si peu d'ouvriers, nous ne pouvions entreprendre d'ouvrir ces innombrables galeries.

A une demi-lieue au sud de ces nouvelles carrières, je découvris les ruines d'une petite ville Grecque, appelée aujourd'hui, par les *A'bâbdeh*, *Sekket Bendar el Kebyr*. Environ cinq cents maisons bâties en pierre sèche sont encore sur pied; trois temples ont été creusés dans le roc, ou construits en pierre du lieu. Ma surprise fut extrême de trouver dans le désert, à une distance si reculée, une ville semblable, et sur-tout des maisons encore debout. J'aimois à errer de maison en maison, de chambre en chambre. Dans ces salles abandonnées, je trouvai encore divers instrumens, tels que des lampes en terre cuite, des fragmens de vases d'une belle forme, en terre, en verre, &c., et des pierres creusées en cintre et cannelées, ayant servi de meule (1). Quelle fut ma joie d'avoir découvert une ville ancienne jusque là inconnue à tous les voyageurs, qui avoit peut-être cessé d'être habitée depuis deux mille ans, et qui étoit encore presque tout entière debout !

La ville de Sekket est élevée sur le penchant de deux montagnes opposées ; un large chemin, qui sert quelquefois de lit à un torrent, la sépare par le milieu. Les ruines couvrent un espace d'environ un quart de lieue d'étendue en longueur : les maisons sont bien bâties, quoique en pierre sèche, et de talc, de la même nature que la montagne ; il s'en trouve fort peu à un étage ; elles ont des fenêtres et des portes très-petites ; beaucoup d'entre elles sont isolées les unes des autres, et adossées à la montagne. La plupart de ces maisons consistent simplement dans une chambre d'entrée qui communique à quatre cabinets, où sont souvent placés des bancs en pierre ; elles ont à leur intérieur un petit caveau coupé dans le roc ; le pavé est en pierre et grossièrement fait. Aujourd'hui les toitures des maisons sont emportées. Cette ville fut probablement élevée ici pour les ouvriers qui travailloient aux mines d'émeraude.

Sur la partie au nord de cette ville, sont deux temples taillés dans une masse de talc, qui forme une grande partie de la montagne. Le plus grand présente quatre colonnes à son extérieur, et deux autres sur la façade qui orne l'entrée ; on monte d'abord un escalier pour arriver à l'intérieur du temple, et plus loin, trois marches pour pénétrer dans le sanctuaire : à côté sont deux petites salles, dont l'une renferme au milieu un autel isolé. Le sanctuaire contient un autre autel plus grand ; l'autre pièce n'a pas été achevée. En dehors du temple, à droite et à gauche, sont deux petits sanctuaires sur la façade même de l'édifice Deux colonnes sont à l'entrée ; la corniche au-dessus est ornée d'un globe avec deux serpens. Quoique ce sujet soit Égyptien, on reconnoît facilement que la sculpture est l'ouvrage des Grecs. Je relevai dans ce temple une inscription Grecque, tracée en rouge sur la muraille.

L'autre temple est plus petit : il est formé d'une salle avec des niches, taillée aussi dans la montagne de talc ; l'entrée est décorée par quatre colonnes bien conservées et surmontées d'arcades. Au-dessus des portes, ainsi que dans l'autre temple, on voit un disque accompagné de deux serpens. La construction n'a pas été soignée, et le travail, comparé à celui des anciens Égyptiens, semble grossier : à la vérité, la nature de la montagne n'a pas toujours permis aux ouvriers de faire ce qu'ils auroient voulu. Au-dessus des portes et sur la façade, je relevai aussi plusieurs inscriptions Grecques qui s'y trouvent gravées.

Dans la même montagne, est un petit sanctuaire analogue à ce dernier temple.

(1) A l'aide d'une molette de pierre, on écrasoit le grain sur ces pierres cintrées pour le réduire en farine, comme le font encore aujourd'hui divers peuples de la Nubie.

Le troisième temple, situé vers le sud, de l'autre côté de la ville, est plus grand ; il est élevé sur le penchant de la montagne, et construit aussi en pierre sèche ; sa profondeur est de quarante-cinq pieds : le sanctuaire est taillé dans la montagne. Malgré le genre de construction adopté, les corniches sont sculptées avec beaucoup de soin.

Nous restâmes ici deux jours ; j'employai ce temps à relever les inscriptions, les dessins et les plans des temples de la ville (1).

§. IV.

Course à la mer. Autres Ruines au nord de Zabarah, appelées Bendar el Soghayr. *Chasse aux gazelles. Mœurs, nourriture et occupations des* A'bâbdeh.

Après avoir bien visité les ruines de Sekket, nous partîmes, en suivant les montagnes à l'est, pour nous rendre à la mer ; au bout de huit heures de marche, nous y arrivâmes. Ici, la côte forme un port assez mauvais ; en face, est une île inhabitée, sur laquelle on découvre des arbres, et dont j'ai déjà parlé. Nous côtoyâmes la mer en marchant au nord pendant dix heures, et nous atteignîmes le puits d'eau saumâtre que nous avions creusé lors de notre arrivée au désert. Après nous y être arrêtés pour désaltérer les chameaux, nous repartîmes pour Zabarah ; nous marchâmes deux heures, et la nuit nous surprit dans une vallée qui descend beaucoup vers la mer, et qui est remplie de *seydl* avec quelques ifs (2). Des *A'bâbdeh* que nous rencontrâmes se sauvèrent à notre vue dans les montagnes voisines, abandonnant un troupeau de moutons ; ce ne fut qu'avec une difficulté infinie qu'on put les ramener. On leur acheta un mouton ; la frayeur qu'éprouvoient ces pauvres Arabes à la vue des gens du pâchâ, leur permit à peine de recevoir notre argent, quoiqu'on les payât avec générosité.

Le lendemain, nous nous mîmes en marche dès le point du jour ; nous vînmes faire une pause à la source près de Zabarah, et nous y laissâmes une garde, afin de nous assurer la jouissance du puits durant tout le séjour au désert. Le trajet de la mer Rouge à ce puits est de cinq lieues ; il y a deux lieues de là jusqu'à Zabarah, où nous arrivâmes de bonne heure.

Dès mon arrivée, je visitai les nouveaux filons de schiste qui avoient été

---

(1) *Voyez* les planches III à VII.

(2) J'ai consulté sur la présence des ifs dans le désert mon collègue M. Delile, professeur de botanique à la faculté de Montpellier, correspondant de l'académie des sciences, auteur de toute la partie de botanique dans la *Description de l'Égypte*. Il a reconnu que M. Cailliaud étoit le seul voyageur qui parlât de cette espèce d'arbres, et il a, ainsi que moi, conçu quelques doutes. Dans la Flore de Forskal, il n'est point question d'ifs existant en Égypte ni en Arabie. Des botanistes, comme Lippi et M. Desfontaines, et d'autres voyageurs, tels que Shaw et Browne, qui ont visité les Oasis et d'autres parties de l'Afrique, n'y ont point aperçu cet arbre vert. M. Delile présume qu'il s'agit de cyprès, espèce d'arbre bien connue au Kaire et en d'autres lieux de l'Égypte et des environs. Cette observation s'applique également à l'Oasis de Thèbes, où M. Cailliaud dit aussi avoir trouvé des ifs. (Voyez le *Voyage à l'ouest*.)

T

déblayés. Cette fois, je fus assez heureux : en deux jours, un de ces filons nous donna cinq livres d'émeraudes ; mais la plupart étoient d'un vert pâle, gerceuses et nébuleuses : les plus grosses étoient de trois quarts de pouce, sur un pouce à un pouce et demi de long. Le cristal est un prisme hexaèdre tronqué ; la gangue est un schiste argileux micacé. Elles habitent dans des filons stériles que traversent des roches composées de schiste argileux, de mica ou de quartz, interrompues par des masses de granit. Je trouvai dans ces carrières beaucoup d'actinote dans une gangue de talc blanc nacré, et des tourmalines noires, de l'amphibole, des grenats bien cristallisés dans le granit, enfin des blocs de porphyre rouge.

Il paroît que les anciens cherchoient peu à rendre commodes leurs travaux d'exploitation ; car ces mines seroient regardées en Europe comme presque impénétrables. Il faut s'introduire par de petits sentiers très-étroits, dirigés selon des lignes obliques, ou plutôt se laisser glisser, tantôt sur le côté, tantôt sur le dos, tantôt sur le ventre ; on arrive de cette manière jusqu'à quatre et cinq cents pieds, par cent petits boyaux où l'on tournoie dans tous les sens, selon la direction du filon de schiste ou de talc ou de mica. Là où le schiste se trouve en plus grande masse, on a pu pratiquer des excavations assez vastes pour y faire travailler quatre cents hommes ; de là, cent nouveaux chemins, partant d'une pareille excavation, vont s'étendre à de grandes profondeurs, et forment des labyrinthes inextricables. Que pouvois-je espérer faire dans ces carrières immenses, réduit à trente hommes ? On pourroit occuper aujourd'hui cinq mille ouvriers à les déblayer. Je trouvai dans ces mines des lampes Grecques, des cordes, des leviers en bois, beaucoup de couffes ou paniers en feuilles de palmier, et d'autres objets dont se servoient les anciens pour l'exploitation des mines.

Une tradition rapporte qu'A'ly bey a exploité aussi ces carrières, il y a environ quatre-vingts ans. J'ai reconnu facilement quatre excavations où l'on avoit fait travailler dans les temps récens, et cela, par la couleur des talcs et des schistes qui en sont sortis : on distingue facilement ces derniers de ceux qui ont été extraits par les anciens, et que l'action de l'air a colorés d'une nuance beaucoup plus obscure ; en outre, plusieurs restes d'habitations dans le vallon de Zabarah, une portion de mosquée, des inscriptions Arabes, des tombes musulmanes, appartiennent à cette époque récente.

Le 30 novembre, je montai à dromadaire avec quelques *A'bâbdeh* pour aller faire quelques recherches au nord de Zabarah, sur une route que suivent les *Bicharyeh* et les *A'bâbdeh* qui se rendent d'ici à Qoceyr ; ils font cette route fréquemment avec leurs troupeaux de moutons et de dromadaires, qu'ils vont vendre à cette dernière ville. A cinq lieues de Zabarah et à six ou huit de la mer, je trouvai dans une vallée une place circulaire entourée de montagnes : sur cette place sont beaucoup de ruines d'habitations bâties en pierre sèche ; ces ruines sont appelées, par les *A'bâbdeh*,

Bendar el Soghayr [la petite ville]. Il n'y a pas de temples dans les ruines
de cette ville, ni d'inscriptions qui puissent donner quelques éclaircissemens
sur l'époque où elle fut bâtie : les maisons ne sont pas construites avec autant
d'art que celles de Sekket; leur distribution est à peu près la même. J'y ai
trouvé de ces pierres cintrées sur lesquelles on écrasoit les grains, et dont
j'ai déjà parlé précédemment.

La saison étant trop avancée pour espérer des pluies, et nos puits ne
nous donnant plus la même quantité d'eau, à cause des chaleurs qui commençoient à se faire sentir, nous dûmes prendre le parti de quitter le désert : nos chameaux, tous malades et couverts de blessures, étoient sur le
point de périr; jour et nuit ils étoient sur pied pour charier l'eau à une
grande distance : tout nous contraignoit à partir pour l'Égypte.

Mais nos chameaux, réduits à douze, ne pouvoient suffire pour nous transporter tous au Nil : on voulut en louer à des *A'bâbdeh ;* la crainte leur fit
prendre la fuite dans les montagnes, assez loin pour que nous ne pussions
les atteindre. Cependant nous avions encore à rapporter de fortes charges
en tentes et bagages, et quarante hommes à ramener au Nil : dans cet em-
barras, nous renvoyâmes un de nos bul-bachis (1) avec sa compagnie sur
les bords de la mer Rouge; il devoit se rendre au puits d'eau saumâtre,
pour y attendre les *A'bâbdeh,* qui y venoient quelquefois abreuver leurs
chameaux. Il avoit l'ordre de s'embusquer auprès du puits, de retenir les
chameaux qu'il pourroit apercevoir, et de· les conduire au camp, en pro-
mettant aux propriétaires qu'ils en seroient payés, et, dans tous les cas, de
s'en emparer. Le bul-bachi partit, résolu à tout : le désir de revoir les bords
du Nil, et de fuir le désert, où il étoit condamné depuis long-temps aux plus
rudes privations, l'eût rendu capable de surmonter toutes les difficultés.
L'expédition réussit : le quatrième jour, il fut de retour au camp avec six
chameaux et leurs propriétaires. Il n'est pas nécessaire d'ajouter que les
Arabes étoient fort mécontens; on ne put que leur promettre un bon paie-
ment, n'ayant point d'argent pour les satisfaire. « Si nous avions eu nos
» armes, dirent-ils, vous n'auriez pas pris nos chameaux aussi facilement. » Il
fallut bien qu'ils se contentassent de nos promesses; on y ajouta quelques
présens en tabac, biscuit, &c. Ils partirent en s'obligeant à nous apporter
sous deux jours les selles des chameaux que nous avions saisis.

Le lendemain, nous commençâmes les préparatifs du départ; nos gens
allèrent à la chasse des gazelles, et nous en rapportèrent deux. Cet animal
est rare dans ces déserts, et difficile à atteindre. Les *A'bâbdeh* se tiennent
heureux lorsqu'ils peuvent tuer des corbeaux; pour eux, c'est un mets exquis.
Le corbeau suit comme à la piste les traces des caravanes : la chair en est
mauvaise, mais il m'est arrivé souvent d'en faire du bouillon. J'avois transporté du Nil à Zabarah de grandes provisions, quatre-vingts poules, un baril

(1) Chef de huit hommes.

de vin de cent soixante bouteilles, et tout en proportion; il ne manquoit que de l'eau pour que je pusse prolonger mon séjour au désert, séjour aussi agréable pour moi que celui d'une grande ville.

Nous n'attendions plus que les selles des six chameaux pour nous mettre en marche, lorsqu'un de nos chameliers, qui faisoit paître ces animaux dans une gorge de montagnes, à dix minutes de chemin du camp, fut surpris tout d'un coup par les Arabes; ils vinrent fondre sur lui au nombre de quatre, armés de couteaux et de lances, réclamant à grands cris leurs animaux : cet homme étant seul n'osa leur résister, et les *A'bâbdeh*, montant leurs chameaux, prirent la fuite. Le chamelier accourut vers nous, encore transi de peur, et raconta son aventure : aussitôt tout le camp se leva en masse; on se mit à leur poursuite. Bientôt nous pûmes les apercevoir; mais, étant bien montés, ils avoient toujours beaucoup d'avance sur nous, nos chameaux étant tous malades. Nos gens irrités, et voyant qu'ils ne pouvoient les atteindre, commencèrent à faire feu sur eux; non sans imprudence, car le bruit des coups de fusil réitérés pouvoit avertir une multitude d'Arabes : rien ne put retenir nos Albanais; heureusement ils réussirent dans leur entreprise. Les *A'bâbdeh* se cachèrent dans les montagnes, abandonnant les chameaux.

Le lendemain, ceux-ci revinrent d'eux-mêmes au camp. Les amis et les parens des quatre *A'bâbdeh* vinrent implorer le pardon de leurs compatriotes : ces pauvres gens croyoient leur argent perdu; mais on leur paya leurs chameaux très-généreusement. Ils apprirent alors à nous connoître, et restèrent depuis avec nous dans la plus parfaite intelligence.

Les *A'bâbdeh* vivent dans une entière indépendance : ils croient avoir acquis, de temps immémorial, le droit de propriété dans ces déserts; ils s'en regardent comme les maîtres. En les forçant à venir avec nous jusqu'au Nil, en leur prenant leurs chameaux, leur bois, leurs provisions, n'étions-nous pas exposés à de justes représailles? Pouvions-nous même nous flatter que les *A'bâbdeh*, qui nous savoient attachés au pâchâ, céderoient à nos demandes sans résistance? Ce peuple n'a d'autre défense que sa pauvreté, son innocence, et l'âpreté du sol qu'il habite; tel est le seul garant de la liberté sauvage dont il jouit : qui pourroit envier son sort? Quelques rares arbustes (on marchera quelquefois deux jours sans en rencontrer un seul), quelques herbes épineuses, un peu de séné et des coloquintes, voilà toutes les richesses du sol; encore les *A'bâbdeh* craignent-ils que le souverain ne s'en empare. Souvent ils me supplièrent de laisser ignorer au vice-roi d'Égypte les misérables produits de ces déserts.

J'avois coutume de leur demander pourquoi ils ne venoient pas s'établir auprès du Nil, où ils trouveroient une vie plus douce et moins sauvage que celle qu'ils mènent dans le fond de ces déserts; un de leurs cheykhs, qui m'avoit aisément distingué des Albanais et des autres soldats du pâchâ, me

répondit une fois : « A tout autre Européen nous dirions combien de
» charmes et de délices nous attachent à ces déserts et à la vie errante : mais
» toi, tu les connois, et, comme nous, tu en sens le prix ; nous te voyons
» content, ce n'est pas seulement de briser des pierres, comme tu le fais
» tout le jour, mais d'être sous la tente, de vivre au milieu de nous, des
» montagnes qui sont l'ouvrage du ciel, des troupeaux qui font notre
» richesse, de ces sables qui assurent notre indépendance. Que ne restes-tu
» avec nous ? Tu ne penses plus sans doute à ton pays ; le nôtre doit te
» paroître préférable. Demeure avec tes amis les *A'bâbdeh*, et renvoie tes
» soldats Turcs à leur maître. Tu es habitué aux mêmes fatigues que nous ;
» tu dors sur le sable ; tes travaux dans les montagnes sont plus pénibles
» que les nôtres : nous te donnerons une jeune fille qui ne connoît que le
» désert où elle est née ; la gazelle ne peut égaler son innocence et sa dou-
» ceur. Le désert de Zabarah nous appartient ; il doit contenir des trésors
» que nous ne connoissons pas. Puisque tu es venu pour les chercher, ils
» sont à toi ; tu nous commanderas ; nous travaillerons tous avec toi ; mes
» moutons et mes chameaux seront les tiens. »

Je fus touché de l'effusion avec laquelle ce vénérable cheykh me faisoit
ces offres généreuses, accompagnées des expressions les plus amicales que
son cœur pouvoit lui dicter ; je partageai son émotion ; et, le croira-t-on ? je
fus un moment indécis.

Les *A'bâbdeh* peuvent être au nombre de cinq à six cents combattans,
depuis le parallèle de Qoceyr jusqu'à celui de Syène. La plus grande confiance règne entre eux : diverses fois, nous trouvâmes leurs chameaux
librement abandonnés à eux-mêmes dans ces déserts ; par-tout où il y a
quelques herbes à manger, ils les laissent ainsi errer plusieurs jours : ces
animaux s'écartent quelquefois, mais on ne se donne pas la peine d'en faire
la recherche ; on va seulement aux puits au bout de quelques jours, et l'on
y trouve ces animaux qui s'y rendent d'eux-mêmes.

Ainsi que d'autres Arabes, les *A'bâbdeh* campent sous des cabanes formées de nattes en paille : ils déménagent souvent pour gagner les endroits
où la pluie est tombée ; là, ils trouvent des herbes, avec lesquelles ils nour-
rissent des chameaux et des moutons, qu'ils vont vendre à Qoceyr, port sur
la mer Rouge ; avec le bois de seyâl, ils font du charbon qu'ils portent sur
le Nil, pour le vendre ou plutôt l'échanger contre la graine de dourah,
aliment commun de leurs familles et de leurs chameaux.

L'*A'bâbdeh* est sobre et vit de peu ; il n'existe peut-être pas dans toute
l'Afrique un peuple qui mange moins de chair : sa nourriture consiste en
gâteaux de dourah, en légumes secs, tels que fèves et lentilles, et en oignons
crus, qu'il ne mange qu'en été ; il est très-sec et maigre, marchant continuel-
lement à l'ardeur du soleil. Ces hommes jouissent tous d'une parfaite santé.
Ils ne connoissent point la dyssenterie, les maux d'yeux, la petite vérole, la

v

peste, toutes ces maladies si fréquentes dans les autres parties de l'Égypte : aussi vivent-ils très-vieux. Jamais ils ne savent leur âge ; quand on les questionne à ce sujet, ils disent : « Je suis né quelques années avant ou après telle » catastrophe, tel pâchâ, &c. »

J'acquis parmi les *A'bâbdeh* une haute considération, parce qu'ayant remarqué dans un almanach le jour et l'heure d'une éclipse de lune, je leur prédis que la lune seroit couverte. Ma prédiction seule m'avoit déjà fait considérer comme à demi sorcier : quelle fut leur surprise, lorsqu'ils virent en effet, à l'heure que j'avois indiquée, la lune se couvrir d'un voile épais ! Ils restèrent stupéfaits, et ils vinrent se placer en cercle autour de ma tente, pour se mettre à prier sous ma protection.

Les talismans ont un pouvoir incroyable sur l'esprit de ce peuple ; ils s'attachent au haut du bras divers petits sacs en cuir bien cousus, renfermant un papier écrit par un cheykh. Quelquefois ils s'adressent aux Juifs pour faire écrire quelques paroles mystérieuses en leur langue ; mais ils préfèrent les obtenir des Chrétiens. Il m'est arrivé nombre de fois de me voir forcé de céder à la demande réitérée de ces hommes simples et superstitieux, et de leur donner de ces écrits, les premiers venus. Ils portoient ainsi sur la tête, en grande vénération, de petits morceaux des journaux français, comme un préservatif assuré contre les événemens fâcheux : ils attachent de ces papiers aux oreilles de leurs chameaux ; ils en placent dans les trous des murailles, &c. Comme je leur conseillois des purgatifs et divers médicamens, qui agissoient en même temps que les papiers mystérieux, et que je les frappois aussi par les effets merveilleux de l'argent fulminant, j'avois fini par gagner parmi eux une haute réputation de science et de sorcellerie ; mais, pour éviter un trop grand nombre de visites, je fus obligé de rabattre moi-même de l'opinion qu'ils avoient conçue : ces bonnes gens poussoient la crédulité jusqu'à m'amener leurs femmes stériles, pour obtenir des enfans par le secours de la magie. Je n'entrerai point dans de plus grands détails sur ces tribus d'Arabes, pour ne pas répéter ce qui est déjà connu, et qui a été si bien décrit par M. du Bois-Aymé, de la Commission des sciences et arts d'Égypte.

§. V.

Observations minéralogiques. Le Voyageur laisse des ouvriers aux mines, et retourne vers le Nil, emportant dix livres d'émeraudes. Séjour à Thèbes. Voyageurs Européens, Lord Belmore, M. le Comte de Forbin, &c. Nouvelle Tombe découverte par M. Belzoni. Arrivée à Alexandrie. Le Pâchâ ordonne une troisième excursion au mont Zabarah.

Avant de poursuivre ma narration, je vais entrer dans quelques détails minéralogiques sur les montagnes voisines de la Thébaïde.

En entrant dans le désert dont l'Égypte est environnée, le minéralogiste est frappé de l'état où la nature se montre à lui. Comme toutes ces montagnes sont nues, que toutes les roches sont à découvert, il les distingue l'une de l'autre avec évidence ; tandis qu'en Europe la plupart des montagnes, même celles qui sont arides et désertes, offrent toujours un peu de végétation qui en couvre la surface, et masque la nature du sol : à plus forte raison éprouve-t-il de grandes difficultés à reconnoître celle-ci dans les contrées où le sol, recouvert par-tout de terre végétale, dérobe à sa vue beaucoup de matières minérales qu'il seroit intéressant d'observer ; nous n'en acquérons la connoissance qu'à force de fatigues et par le secours des sondes, travail pénible, qui arrête souvent le naturaliste au milieu de ses recherches : en Égypte, au contraire, les montagnes sont totalement dépourvues de terre végétale ; par-tout le rocher est à nu. Le minéralogiste distingue donc ici avec la plus grande facilité les différentes formations des roches ; elles se présentent avec l'aspect le plus propre à les faire reconnoître, et le géologue peut les observer sans aucun obstacle.

Dans le voisinage de Zabarah, on trouve des schistes feuilletés, bleuâtres ou verdâtres, qui n'ont pas la propriété de se diviser facilement, comme ceux qu'on nomme vulgairement *ardoises*.

Auprès de ces roches schisteuses, sont des bancs de pierres calcaires d'un si beau jaune verdâtre, qu'en voyant les petits fragmens de cette espèce roulés dans les torrens, on seroit tenté d'abord de les prendre pour du soufre natif.

Les granits de Zabarah diffèrent de ceux de Syène ; ils sont composés de très-petites lames de feldspath blanc, et le mica y est abondamment répandu : j'y ai observé la variété de feldspath saccaroïde. Parmi les divers granits qu'offrent ces montagnes, j'en ai rencontré à grandes lames de feldspath vitreux, non pas rose comme celui de Syène, mais d'un beau cramoisi, et mêlé de parties de talc d'un blanc luisant, passant au jaune d'or : ces derniers fournissent de jolis échantillons de cabinet.

Les variétés de talc verdâtre ou d'un blanc nacré sont ici en grande abondance; on y remarque de petits cristaux de staurotide, mais de forme mal prononcée.

Dans les endroits où le talc adhère à des bancs énormes de mica noir, il est quelquefois coloré d'un beau vert par l'oxide de chrôme; ce talc sert de gangue à de longues aiguilles d'amphibole [actinote], abondamment répandues dans ces gîtes; elles passent du noir au brun verdâtre, et quelquefois au beau vert limpide : dans ce talc, j'ai aussi trouvé beaucoup de tourmalines noires; mais la plupart des cristaux n'ont point de sommet.

Les granits, qui forment le corps principal de ces montagnes, sont remplis de petits grenats, qui ne sont pas d'une belle eau, mais dont la cristallisation est très-distincte.

Les amphiboles [actinotes] en cristaux rhomboïdaux, les staurotides et les tourmalines noires, qu'on voit disséminées dans le talc, soit blanc, soit nacré, ne diffèrent point des variétés des mêmes espèces que l'on connoît au mont Saint-Gothard, et en général dans toutes les Alpes.

Le porphyre fond rouge, avec des cristaux de feldspath blanc, se trouve dans ces montagnes, disposé par bancs qui interrompent les granits; ici, il y en a fort peu : cette roche paroît être plus commune dans la direction de Qoceyr.

Près du village abandonné, appelé, par les *A'bâbdeh, Bendar el Soghayr*, les montagnes présentent des roches porphyritiques d'un vert clair ou foncé, avec des cristaux de feldspath blanc ou verdâtre, et des points agatisés, dits *calcédoines.*

Les portions de terrain que j'ai parcourues en Nubie, ne m'ont rien offert de plus remarquable en minéralogie que l'Égypte : à l'est de Syène, sont des roches schisteuses et des serpentines en amas, avec diallage métalloïde, très-communément répandues.

Dans l'île d'Éléphantine et à Syène, j'ai remarqué dans les mains des Arabes, à différentes fois, des grenats qui sont parfaitement cristallisés; un de ces grenats portoit un pouce de diamètre (1): je n'ai pu, à mon grand regret, connoître leur localité, qui ne sauroit être éloignée.

On trouve, en remontant le fleuve, que les granits bien connus de Syène s'étendent à cinq ou six lieues au-dessus de l'île de Philæ; une continuité de grès borde le Nil; on observe d'énormes blocs de pouddingue à grain fin, semblables à ceux dont sont construites la statue de *Memnon* à Thèbes et celle qui en est voisine.

Dans le désert d'Ebsamboul, on rencontre beaucoup de fragmens d'onyx et de cornalines orientales, en cailloux roulés, ainsi que des grès mamelonnés en forme de grappe de raisin, et pénétrés d'une forte couche d'oxide de fer.

A Woladelatf [*Ouâdy Halfa*], où est la seconde cataracte, j'ai vu une

(1) *Voyez* pl. IX, fig. 7. On a gravé dans cette planche un choix de minéraux provenant du voyage à l'Est.

grande quantité de bois pétrifiés ; mais l'espèce n'en est pas très-distincte : on en trouve aussi dans le désert, en fragmens qui sont en partie roulés, et dont les surfaces ont été naturellement polies par les sables, comme celles des granits de la cataracte de Syène. Les rochers qui forment cette cataracte sont des diorites [*grünsteins*], des roches feldspathiques plus ou moins chargées d'amphibole verdâtre ou noirâtre, et connues des antiquaires sous le nom de *granits Éthiopiens.*

Je reprends le fil de mon récit. Le 11 janvier 1818, le laghum-dgi-bachi, moi, mon interprète et dix hommes, nous chargeâmes une partie de nos bagages, et nous partîmes pour le Nil, laissant au désert le reste de nos ouvriers, occupés à suivre le filon que j'avois marqué. Nous passâmes encore, cette fois, à peu près par les mêmes chemins ; mais les eaux pluviales avoient tellement nivelé le sol des vallées, que, si l'on eût cherché à dresser les chemins, l'art n'auroit pu y pratiquer des routes plus unies. Arrivés au Nil le 17 du même mois, nous envoyâmes à Zabarah les chameaux dont nos gens avoient besoin pour leur transport. Des différens qui s'élevèrent entre nos ouvriers nous engagèrent à les diviser : ayant pris avec nous une partie des Albanais, nous nous rendîmes à Esné le 20 au soir, et nous mîmes sous la surveillance d'Ahmed bey, gouverneur d'Esné, deux bul-bachis et leurs compagnies, dont nous avions à nous plaindre ; ils n'attendirent pas long-temps leur punition : le reste du camp demeura à Redesyeh.

Les ouvriers nous ayant rejoints, leur bul-bachi nous remit quatre livres d'émeraudes, produit de la même excavation que celle où j'en avois trouvé précédemment : ces émeraudes étoient, comme les premières, d'un vert pâle, quelquefois, mais rarement, d'un vert foncé, nébuleuses et remplies de gerçures. Ces espèces de pierres sont connues dans le commerce, au Kaire et à Constantinople, soit en gros morceaux dont la taille est unie, soit en pièces percées pour boucles d'oreilles. Les harnois des chevaux du grand-seigneur sont aussi couverts d'émeraudes semblables ; toutes sont sorties des carrières d'Égypte.

J'avois engagé le laghum-dgi-bachi à faire visiter et fouiller tous les environs, persuadé que les ouvriers avoient soustrait des émeraudes : il retrouva en effet une demi-livre de ces pierres, qu'ils avoient cousues dans leurs vêtemens ; ils en avoient même rempli des canons de pistolet, et ils en avoient mis jusque dans leurs cartouches.

Nous voulions sur-le-champ descendre au Kaire ; mais on ne trouva pas une barque commode : pendant que le capitaine du port s'occupoit à en faire la recherche, je me rendis encore une fois à Thèbes, mais par terre, et j'arrivai le 29 du mois. J'allai habiter de nouveau dans un de ces hypogées de Qournah, résidence qu'on pourroit appeler très-convenable et commode pour un voyageur curieux, puisque, sans sortir de son habitation, et à l'abri d'un soleil brûlant, il a en même temps sous les yeux des murailles toutes couvertes de peintures de la plus grande conservation, et des sujets aussi variés qu'instructifs pour l'histoire, les mœurs et les arts. La haute antiquité de ces peintures ajoute un charme de plus à leur effet; trente siècles ont passé dessus, et semblent avoir ôté bien peu de leur éclat primitif. Telle est la décoration des appartemens qu'un voyageur peut, sans opposition, choisir pour sa demeure pendant son séjour à Thèbes (1).

Je trouvai à Thèbes beaucoup d'Européens réunis, qui travailloient à des fouilles intéressantes, à Qournah, sur les ruines de Medynet Abou et au *Memnonium;* tout l'espace occupé par les ruines de Karnak étoit couvert par des lignes de démarcation qui séparoient le terrain des Français, celui des Anglais, celui des Irlandais, celui des Italiens, &c. Des dames Européennes parcouroient les ruines, et pénétroient dans les catacombes, ainsi que les autres voyageurs. Tous cherchoient à recueillir ou acheter des antiques; nul n'étoit sensible à la chaleur ni aux fatigues. A toute heure de nuit et de jour, les voyageurs parcouroient les tombeaux ou la plaine. Au milieu de cette ardeur générale pour satisfaire une juste curiosité, ou pour découvrir des antiquités ignorées, il est survenu quelquefois des différens sérieux entre les agens de plusieurs des voyageurs de nations diverses; on en est même venu jusqu'à se menacer des armes : heureusement les querelles n'ont pas été plus loin. J'ai remarqué que les Arabes aiment assez ces disputes, qui tournent presque toujours à leur avantage. Aujourd'hui les hommes ne suffisent plus pour les fouilles; ils emploient leurs femmes à fouiller aussi les catacombes : elles parcourent sans cesse les plus grands et les moindres tombeaux; et, jusqu'à leurs enfans depuis l'âge de neuf ans, tous travaillent incessamment à porter la terre au dehors. Cette manie est poussée à un tel point, que si les *kâchef* ou les *qâymaqâm* n'obligeoient avec rigueur les Arabes à travailler à la culture, ceux-ci abandonneroient entièrement leurs terres, pour se livrer uniquement à la recherche des antiquités.

Dans la vallée des tombeaux des rois, je trouvai M. Henry Salt, consul général d'Angleterre, connu par son talent et par son savoir autant que par son voyage en Abyssinie; il avoit une longue suite : les uns étoient campés sous des tentes; les autres, dans les tombeaux mêmes. C'est alors que je vis le magnifique tombeau que M. Belzoni a découvert à force de persévérance, et qu'il a trouvé enseveli sous trente ou quarante pieds de sable ou de décombres. Je descendis un vaste escalier de soixante à quatre-vingts marches, taillé dans la montagne : jusqu'au pied des marches, le jour peut conduire; au-delà, il faut allumer des flambeaux. Je passai sur un puits aujourd'hui comblé, je traversai plusieurs chambres, et, par un petit escalier, je descendis à d'autres salles soutenues par des piliers carrés, et accompagnées de diverses pièces toutes magnifiquement ornées. Dans cette suite de salles, je trouvai les murailles couvertes de figures hiéroglyphiques en relief, avec de riches

(1) *Voyez* la Description des hypogées de la ville de Thèbes, dans la *Description de l'Égypte.*

couleurs d'une fraîcheur étonnante; c'est ce qu'il y a de mieux conservé en peintures Égyptiennes. On remarque, parmi les nombreux sujets sculptés et peints sur les murs, une marche de captifs qu'on croit être des Persans, des Indiens et des Juifs; ils sont tous liés par les bras.

Dans la salle du fond, l'on a vu des ossemens de bœuf embaumés et abandonnés en un coin de la salle. Dans la pièce précédente, étoit un superbe sarcophage en albâtre, portant intérieurement et extérieurement des milliers de caractères et de figures hiéroglyphiques, sculptés en creux et peints de noir. Ceux qui ont pénétré autrefois dans le tombeau, ont mis en pièces le dessus du sarcophage. Après avoir parcouru dix ou douze chambres, je remontai tout ému des merveilles qui m'avoient frappé : il n'est personne qui puisse échapper à l'impression profonde que ces lieux produisent sur l'esprit.

Dans le nombre des étrangers que je rencontrai à Thèbes, étoient lord et lady Belmore, de qui je reçus beaucoup d'accueil ; ils étoient accompagnés de leur frère, capitaine de vaisseau, d'un médecin et d'une très-longue suite : ils venoient de visiter la Nubie, et de remonter le fleuve jusqu'à la seconde cataracte. Lady Belmore avoit également fait le voyage de la seconde cataracte avec un courage infatigable et au-dessus de son sexe ; elle donnoit chaque jour à Thèbes de nouvelles preuves de son admirable constance, en visitant des catacombes presque inaccessibles. Dans tous les lieux où cette compagnie s'arrêtoit en redescendant le Nil, le docteur étoit rconnu des habitans, et il ne pouvoit mettre pied à terre sans être aussitôt entouré d'hommes, de femmes et d'enfans, qui tous réclamoient ses secours pour quelques infirmités : avec une rare patience, il leur prodiguoit ses soins, et soulageoit tous les malheureux.

M. le comte de Forbin, directeur du musée royal, qui venoit de visiter la Grèce et la Syrie, arriva aussi à Thèbes pendant que j'y résidois ; avec le talent et le goût d'un artiste supérieur, il sut apprécier les monumens Égyptiens.

Un homme ardent pour les recherches d'antiquités, M. Riffaut, habitoit Louqsor, où il faisoit des fouilles pour M. Drovetti avec autant de bonheur que d'intelligence ; il avoit déjà trouvé, quand je le vis, une grande quantité de statues de la plus belle conservation, et découvert plusieurs petits temples jusqu'alors inconnus.

A mon tour, je fus assez heureux dans les fouilles que j'entrepris aux tombeaux de Qournah ; j'y trouvai ou je recueillis des sandales de prêtre, des moules d'idole, des fuseaux, du blé, des œufs, des filets ou tissus d'émail, de beaux papyrus et une multitude d'objets antiques, aussi bien conservés qu'intéressans pour les mœurs et les usages. Enfin, le 14 février, ma barque arriva d'Esné, ainsi que mon interprète, et je m'embarquai pour le Kaire, où j'arrivai le 24 du même mois avec le laghum-dgi-bachi.

Nous ne trouvâmes pas le vice-roi. Le kyhayâ bey [premier ministre] ne pouvoit prendre de résolution sur nos affaires ; il fallut se rendre à Alexandrie, où étoit le pâchâ. On nous donna une cange légère, à quatre paires de rames, et nous arrivâmes le 29. Nous présentâmes au vice-roi dix livres d'émeraudes, dont une partie étoit d'un vert pâle ; il ne put pas apprécier la valeur de ces pierres toutes brutes. Nous lui dîmes que, l'eau nous ayant manqué, nous avions été contraints de quitter le désert ; sur quoi il décida qu'il falloit y retourner, mais avec moins de monde, et faire en sorte de retrouver les puits dont les anciens avoient dû faire usage.

De retour au Kaire, nous prîmes de nouveaux firmans pour avoir des ouvriers charpentiers et forgerons, de la poudre, des instrumens, &c., enfin tout ce qui étoit nécessaire. Comme je savois qu'en cette saison il n'y avoit pas d'eau dans cette partie du désert de Zabarah, je jugeai qu'il étoit avantageux de partir à l'avance, afin de creuser des puits, et de nettoyer les réservoirs destinés à recueillir les eaux pluviales, qui tombent en août et en septembre. Le laghum-dgi-bachi reçut des ordres en conséquence, et partit peu de jours après.

VOYAGE A L'OUEST,

Ou Itinéraire de la grande Oasis, contenant la Description
de plusieurs Monumens antiques.

§. VI.

Départ d'Esné à l'ouest. Désert de Libye. Pétrifications. Mirage.
Hagágeh, Beyrys. Productions du sol. Mœurs et Costumes des habi-
tans. Eaux thermales. Temples au midi de l'Oasis. Mosaïques et Verres
peints avec hiéroglyphes. Boulâq. Temple Égyptien. Voûtes, Inscrip-
tions, &c.

DESIRANT depuis long-temps visiter la grande Oasis, *el Ouâh el Kebyr*,
qui n'avoit encore été aperçue qu'en passant par les voyageurs, je profitai
du moment où ma présence aux mines d'émeraude n'étoit pas nécessaire,
pour faire ce voyage intéressant : je quittai le Kaire en conséquence le 26
mars 1818, et me rendis à Syout auprès de Mohammed bey, gouverneur
de la haute Égypte; il m'accorda sans difficulté des ordres pour prendre des
chameaux, des dromadaires et des guides, &c. Après une longue navigation sur le Nil, j'arrivai à Esné, où la mort d'Ahmed bey, beau-fils du
pâchâ, retarda encore mon voyage. Comme Franc, je fus appelé pour le
voir (car en Égypte il suffit d'être Européen pour être médecin). J'arrivai qu'il
n'étoit déjà plus; une fièvre inflammatoire venoit de l'emporter : je le trouvai
couvert d'un cachemire, entouré de tous ses Mamlouks et de deux derviches,
qui attendoient, pour faire les prières d'usage, que je leur assurasse qu'il
étoit mort. Durant huit jours, il se fit des processions de pleureuses (1);
au bout de ce temps, l'inhumation eut lieu avec une grande pompe, au
bruit des tambours, accompagné des cris et des hurlemens de toutes les
femmes de la ville. Ahmed bey étoit estimé pour sa bonté obligeante.

Quinze jours s'écoulèrent avant que je pusse partir; enfin j'obtins l'expédition des ordres du gouverneur de la haute Égypte. On me donna six chameaux légers et six *A'bábdeh*, dont un guide ; j'étois accompagné de mon
interprète Français. Nous partîmes d'Esné le 25 juin 1818; après trois heures
de marche vers le nord, nous séjournâmes à un village situé près du Nil,
pour y remplir nos outres (2).

(1) Femmes que l'on paie pour pleurer aux enterremens.   (2) Peaux de bouc.

Y

Le 26, avant le jour, nous étions en route; nous entrâmes dans le désert, et nous parcourûmes beaucoup de roches calcaires siliceuses; après huit heures de marche, nous traversâmes un *a'qabah* ou défilé. Arrêtés quelque temps sur le sommet de la montagne, nous eûmes terriblement à souffrir d'un vent brûlant qui souffloit du sud; le soir, le vent passa heureusement au nord (1). Cette journée, nous marchâmes quatorze heures, et nous vînmes camper dans une vaste plaine de sable.

Le 27, nous parcourûmes des plages de sable immenses; çà et là, s'élèvent de foibles monticules épars sur le sol : dans toute cette partie du désert à l'occident, on ne rencontre absolument aucun arbre, pas la moindre verdure, nul être vivant, pas même les corbeaux, qui animent un peu les déserts à l'orient du Nil. Tout le sol est calcaire; on y rencontre fréquemment des pétrifications de coquilles, sur-tout des oursins. Après treize heures de marche, nous nous arrêtâmes.

Le 28, nous continuâmes en marchant toujours vers le nord-ouest; le sol ne nous présenta rien de différent de ce que nous avions trouvé les journées précédentes. Depuis deux jours, il régnoit un vent du nord qui nous apporta un grand soulagement, tant la chaleur étoit accablante, au-delà de tout ce qu'on peut exprimer : nous marchâmes douze heures, et nous campâmes.

Le 29, nous passâmes un autre *a'qabah* ou détroit de la montagne; la pente étoit rapide. Depuis deux jours, j'observois que le sol étoit beaucoup plus bas du côté de l'ouest; notre vue étoit bornée par de petites montagnes calcaires, isolées et disséminées : notre eau, battue depuis quatre jours dans les peaux de bouc exposées à l'ardeur d'un soleil brûlant, étoit devenue insupportable; on ne pouvoit la rendre potable qu'en la passant dans un linge.

C'est pendant les grandes chaleurs que le phénomène du mirage est le plus étonnant; l'illusion est frappante, et telle qu'on ne peut absolument s'en défendre, malgré la réflexion. Séduit par l'apparence, je pressai mon dromadaire pour arriver promptement aux lacs que je voyois s'étendre devant moi, et que je croyois être ceux de l'Oasis; le cheykh Arabe m'avertit de mon erreur, et m'assura que les caravanes s'y trompent quelquefois : méprise cruelle, qui coûte cher aux voyageurs (2)!

Sur les quatre heures, nous commençâmes à apercevoir les palmiers de l'Oasis; nous en étions à cinq heures de distance : il étoit une heure de nuit quand nous y arrivâmes, ayant marché treize heures. Quelle fut ma satisfaction, après quatre journées de marches aussi pénibles et aussi longues, de retrouver de l'eau, des arbres, des maisons, des êtres animés! Je regarde comme impossible de faire sentir par le discours la jouissance qu'on éprouve, lorsqu'au milieu des sables on aperçoit tout d'un coup un peu de végétation.

L'endroit où nous étions arrivés s'appelle *Hagágeh* : c'est un monticule

(1) C'est vers cette époque que les vents du midi cessent de souffler en Égypte. *(Note de l'Éditeur.)*

(2) *Voyez* le Mémoire de Monge dans les *Mémoires sur l'Égypte.*

couvert de sable avec quelques *doum* (1) et des dattiers ; il renferme une source d'eau douce qui sert à cultiver quelques carrés de dourah.

Le 30, nous attendîmes, pour nous remettre en chemin, le retour de nos chameliers, qui étoient allés sur la route pour y recueillir un chameau abandonné la veille, comme hors d'état de pouvoir marcher ; malgré tous les soins, il périt au bout de peu d'heures. Ces accidens sont fréquens au désert ; il n'y a que les chameaux les plus robustes qui résistent à de telles fatigues, et il faut les choisir en conséquence : c'est une précaution importante que les voyageurs ne doivent pas négliger. A l'arrivée de nos gens, nous montâmes à dromadaire, et nous marchâmes au sud : à notre gauche, étoient des monticules couverts de *doum*, de dattiers et d'ifs (2) ; à l'ouest, des bois de *doum* et des dattiers. Après trois heures de marche, nous arrivâmes à Beyrys, village qui a le second rang parmi ceux de l'Oasis : il est situé sur un rocher élevé ; sa distance d'Esné est d'environ cinquante lieues. On nous conduisit au cheykh du village, appelé *Yousef*, qui nous traita très-bien : tous les principaux habitans vinrent nous faire visite ; ensuite ils se formèrent en conseil, pour délibérer sur notre arrivée qui les inquiétoit beaucoup : ils pensoient que nous venions pour vérifier leurs terres, en évaluer les revenus, et faire augmenter leurs impositions. Je parvins à les rassurer, et je leur demandai s'ils n'avoient pas connoissance de quelques mines ou puits dans les montagnes voisines ; alors ils crurent que nous cherchions des trésors, et ils conçurent d'autres inquiétudes : de ce moment, je ne fis plus un seul pas sans être suivi des cheykhs.

Le nombre des habitans de ce village est d'environ six cents ; ce sont des Arabes qui ressemblent à ceux des bords du Nil : leur langue, leurs usages, sont les mêmes ; mais ils sont encore plus superstitieux. Les femmes sont vêtues de laine : les jeunes filles ont pour coiffure, jusqu'à leur mariage, un capuchon qui leur descend sur le dos ; ce capuchon est couvert de petits coquillages semblables à ceux qu'on appelle *monnoie de Guinée ;* après, elles prennent le cordon de soie rouge en touffes, suspendu derrière le dos, comme les femmes des villages d'Égypte. Je ne pus pas réussir à acheter une de ces coiffures bizarres (3) ; ces pauvres gens prétendoient que, si j'en possédois une, j'aurois en tout lieu un pouvoir absolu sur celle qui l'avoit portée : je fus obligé d'en faire faire une neuve.

Les habitans de Beyrys jouissent de peu d'aisance, ou plutôt ils sont misérables ; ils ne récoltent que très-peu de riz, de grains et de dattes : les fruits du doum sont assez abondans ; mais on ne les ramasse pas avec soin, comme sur les bords du Nil ; la plupart sont abandonnés dans les sables.

Il existe près de ce village une source d'eau thermale très-abondante, qui sort en bouillonnant du milieu d'un étang avec tant de force, qu'en descendant dans le trou d'où elle sort, on est soulevé par la force de l'eau. Cette

(1) Palmiers de la Thébaïde   (2) *Voyez* la note 2 de la page 73.   (3) *Voyez* pl. XIX, et pl. XXII, fig. 5.

eau croupit dans un trou rempli de terre, que les habitans du village n'ont pas le soin de nettoyer : aussi est-elle malfaisante. On la conduit par de petits ruisseaux pour arroser les campagnes voisines ; chaque propriétaire a un jour fixe pour recevoir l'eau sur son terrain, et la distribution en est faite par les chefs avec la plus grande équité : s'il arrivoit que les eaux ne fussent pas partagées dans une juste proportion, on verroit à l'instant la discorde éclater. De petits murs en terre limitent chaque propriété, qui quelquefois consiste seulement dans quatre toises carrées de terre, avec cinq ou six dattiers ; et cela suffit pour faire vivre toute une famille.

Les sables viennent obstruer les rues de Beyrys et une partie des maisons : dans certains endroits, le sol s'élève d'un pied par an ; ce qui oblige à de fréquens déblais. Quelques-uns des habitans, pour éviter d'enlever les sables, préfèrent élever les quatre murs de leurs maisons. Ils ont beaucoup à souffrir des fièvres occasionnées par leurs rizières, et même par les fruits de leurs palmiers, qu'arrosent des eaux malsaines : en tout, il s'en faut que le séjour de Beyrys ait rien d'attrayant (1).

Le 1.er juillet, je me rendis à trois lieues au sud de Beyrys pour visiter le *Deyr,* comme on l'appelle. A ma grande surprise, j'entrai dans un temple Égyptien, que j'étois loin d'y soupçonner. Le temple est élevé sur un rocher ; il n'a pas été achevé. Entre deux pylônes ou portails, on voit les restes de douze colonnes abattues. Les chapiteaux, que l'on retrouve encore, sont tous différens l'un de l'autre, comme c'est l'ordinaire dans les temples Égyptiens. Il n'y a point d'hiéroglyphes sur les portes ; seulement le globe ailé avec les serpens est sculpté au-dessus, ainsi qu'on le voit dans les portes Égyptiennes : mais la façade du temple est couverte d'hiéroglyphes. L'image d'Osiris est souvent répétée. Le temple est en grès ; le portique repose sur quatre colonnes, dont les chapiteaux n'avoient pas encore été sculptés entièrement. Je fus très-étonné, en entrant dans le sanctuaire, de voir que son plafond étoit en cintre, et formoit une véritable voûte, à clef et voussoirs, semblable à celles des Romains et aux nôtres. La salle qui le précède est également voûtée (2). En Égypte et en Nubie, où je crois avoir visité tous les temples Égyptiens connus jusqu'à présent, je n'ai jamais rencontré de voûtes qu'on puisse avec certitude attribuer aux Égyptiens (3).

A côté du sanctuaire, il existe deux petites pièces latérales, où se célébroient peut-être quelques mystères ; un petit escalier pratiqué dans l'épaisseur du mur conduisoit sur le temple. L'image d'Osiris recevant des offrandes est sculptée au fond du sanctuaire, avec le masque d'un épervier ; il n'y a

(1) Le désert voisin est couvert de muriate de soude, uni à une terre sablonneuse.

(2) On ne peut prononcer encore sur l'époque de la construction de ces deux voûtes ; il faut comparer attentivement toutes les circonstances, et même attendre de nouvelles lumières, avant de décider quelque chose. *Voyez*

plus bas les remarques sur les monumens de l'Oasis et sur les inscriptions. *(Note de l'Éditeur.)*

(3) Ce journal a été rédigé en 1819. On pourroit citer les voûtes en brique devant les hypogées de Gournah. *(Idem.)*

d'hiéroglyphes que sur les chambranles des portes, sur le fond du sanctuaire, intérieurement et extérieurement, et sur la façade principale du
temple. Ces hiéroglyphes sont sculptés en relief dans le creux : on voit encore sur des chapiteaux l'esquisse en rouge des ornemens qui devoient y être
sculptés.

Le temple est enfermé dans une enceinte en briques cuites au soleil; elle
a cent cinquante-quatre pieds en carré; les murs ont quarante-cinq pieds de
hauteur : cet ouvrage, fait après coup, paroît appartenir aux Romains, qui
l'ont élevé pour opposer une digue à la marche des sables. Dans une partie
de cette enceinte, à l'ouest du temple, sont beaucoup de restes d'habitations
également en briques crues; la plupart sont comblées par les sables. Je relevai une belle inscription Grecque sous la corniche du premier portail, et
deux autres sur cette même porte (1).

Un des chefs du village de Beyrys, nommé *Yousef*, étoit chargé par les
autres de m'accompagner; il ne me quittoit plus ni jour ni nuit, pensant toujours que j'allois découvrir des trésors. Voulant faire quelques déblais, je lui
demandai des hommes, et je promis une piastre Turque par jour; mais aucun
ne vouloit travailler (c'étoit l'époque du ramadân ou du jeûne) : alors j'offris
de leur donner en toute propriété ce qu'ils trouveroient dans ces fouilles, en
or ou en argent; à cette condition, tous les habitans demandèrent de l'ouvrage; ils étoient séduits plutôt par l'espérance de trouver des monts d'or
que par la piastre promise : ce moyen me réussit parfaitement. Je déblayai
un appartement d'une maison antique; à dix pieds de profondeur, je trouvai
le sol formé de carreaux en pierre calcaire, d'un pied sur huit pouces. Dans
ces fouilles, je découvris différens morceaux de verre très-curieux; ce sont,
entre autres, des pièces portant diverses couleurs qui paroissent avoir pénétré dans l'intérieur du verre, et une en verre blanc avec des peintures
Égyptiennes (2) : il s'y trouve des espèces de quadrillés en mosaïque, formés
par des verres de différentes nuances; les couleurs ne sont pas couchées à
plat, mais en filets plus ou moins larges, incorporés dans la masse. On remarque aussi de ces mosaïques en parties globuleuses de diverses teintes,
ayant l'aspect d'une brèche. Enfin on trouve assez fréquemment des perles
en verre blanc, dans lesquelles on croit voir une feuille d'or interposée entre
deux couches de verre, et d'autres semblables avec la couleur de l'argent.
Ces deux espèces de perles sont très-recherchées par les Arabes, et leurs
femmes en font des colliers auxquels elles attachent un grand prix. Je re-
grettai beaucoup de ne pouvoir continuer ces recherches; mais le manque
de provisions et la mauvaise qualité de l'eau nous obligeoient de partir.

A l'ouest et auprès de ce temple Égyptien, est un petit temple qu'on
croit Romain, et bâti en brique. Dans ce temple, sont trois chambres voûtées, avec un escalier pratiqué dans l'épaisseur du mur pour monter sur le

(1) *Voyez* la planche XXIII.   (2) *Voyez* les planches d'antiques.

z

temple. Près de là, est le reste d'une voûte qui devoit être le sanctuaire d'un temple, également en brique; à l'intérieur, sont d'assez belles peintures Coptes, dont les couleurs sont très-fraîches : on y voit un S. George, et un autre personnage armé d'une lance, dans l'action de tuer un serpent; un lion est à ses pieds, ainsi qu'une longue procession d'hommes tenant un cierge à la main, et qui sont tous vêtus d'une robe flottante, relevée en draperie et portée sur le bras. Je copiai sous cette voûte plusieurs inscriptions Grecques (1).

Sur le rocher où sont ces deux temples, on voit encore une grande étendue de ruines en brique; c'étoient d'anciennes habitations, que je crois du temps des Romains : les plus grands appartemens sont de quinze à dix-huit pieds en carré, communiquant à quelques petites salles qui n'ont pas plus de cinq à six pieds. Les rues, assez distinctes, ont dix pieds de large. Aujourd'hui toutes ces maisons sont en partie comblées par les sables; on y voit beaucoup de chambres voûtées. J'ai trouvé dans les ruines des pierres cintrées servant à écraser les grains, semblables à celles dont j'ai parlé ailleurs.

A une demi-heure à l'est de ces temples, sont les ruines d'un village ancien, appelé aujourd'hui par les Arabes *Dabezzyâd*; et à une heure, au nord-ouest, sont d'autres restes d'un village semblable, appelé aujourd'hui *Dabessâd* (2) : on ne voit dans ces ruines que des restes d'habitations en terre et beaucoup d'appartemens voûtés. A l'est des mêmes temples, est une petite partie de désert appelée *Abousayd*, où sont quelques ruines en terre. Enfin, au sud-est, sous un monticule de sable, est un rocher couvert, d'où jaillit une source d'eau sulfureuse.

Au nord-ouest et auprès des temples, je vis un groupe de maisons appelées *Douch el Qala'h*, habitées par quelques cheykhs, qui ont la garde de plusieurs santons très-vénérés dans le pays. A mon arrivée, on avoit voulu me donner pour demeure le tombeau de l'un de ces saints musulmans. Portant la barbe et vêtu du costume Turc, j'étois pris par ces Arabes pour un Mahométan; mais je ne voulus pas profiter de leur méprise, et je préférai à toute autre habitation le temple Égyptien, où je séjournai trois jours.

Le 4 juillet, nous nous mîmes en route pour Beyrys. Avant d'y arriver, nous laissâmes à l'ouest d'autres ruines en terre, provenant d'un village abandonné, semblable aux précédens, et appelé *Dakakyn*. Parvenus à Beyrys, nous retournâmes à la maison du cheykh Yousef; le conseil des cheykhs se forma une seconde fois, et délibéra pour savoir ce que nous avions fait dans les temples.

Le 5, nous partîmes pour el Khargeh, lieu principal de l'Oasis, en suivant la même route que la première fois, et nous couchâmes à Hagâgeh, qui renferme une source d'eau douce, la meilleure de cet endroit.

(1) *Voyez* pl. XXIII.
(2) Ces deux noms sont transposés, par erreur, dans   la carte de l'Oasis, pl. X, et l'orthographe est défectueuse.

Nous continuâmes le 6, en marchant directement au nord. Après huit heures de marche, nous arrivâmes à Bychyou, village abandonné, dont les ruines annoncent le séjour des Romains ; près de là, à l'est, sont d'autres ruines semblables, appelées *Gortoumeh* : on voit dans ces villages des ruines d'habitations assez considérables, sur-tout à Bychyou, où sont aussi des *doum*, des dattiers, des acacias, et une bonne source d'eau douce, qui court ⁄ sur un sable ferrugineux. Cet endroit est un des plus beaux du canton. A trois quarts de lieue de là, au nord, est Boulâq, village de quatre cents habitans environ, où nous passâmes la nuit. La grande quantité de *doum* et de dattiers qui l'environnent, produit un effet très-agréable. Les cheykhs de ce village nous apportèrent des provisions, et nous firent un très-bon accueil.

Le 7, marchant toujours au nord, nous trouvâmes une grande quantité de dattiers et de *doum*. Après une heure de marche, je vis à l'est de la route, sur un rocher élevé, une enceinte très-vaste en briques crues ; aussitôt je m'y rendis : à ma grande surprise, je trouvai là encore un temple Égyptien. Un portail se présente en avant du temple : là commence l'enceinte extérieure, qui a cent quatre-vingt-onze pieds de façade; on entre ensuite dans l'enceinte particulière du temple, et de là dans un portique où l'on trouve quatre colonnes, dont les chapiteaux diffèrent tous l'un de l'autre. On passe une autre salle, et l'on arrive au sanctuaire. Dans la chambre du fond, on remarque, à quatre pieds du sol, un trou qui peut avoir été pratiqué par les Arabes, lesquels, toujours persuadés qu'il y a des trésors dans les murailles, mutilent souvent, pour cette cause, les sculptures et les hiéroglyphes. Je me glissai par ce passage dans une petite salle étroite et secrète, ménagée dans l'épaisseur du mur. Au-dessous de la salle est une chambre souterraine, dont je ne pus connoître l'entrée, et qui n'a de communication avec cette salle que par une ouverture rectangulaire de dix pouces : ayant introduit par là une lumière dans la chambre, j'entendis un grand bruit de chauve-souris (1).

Peut-être ce lieu étoit-il destiné aux oracles : on ne pouvoit parvenir dans la salle que par une sorte de trappe qui se trouve sur le dessus du temple ; je crois que l'on n'y pénétroit pas ordinairement, et que la voix de l'oracle, partant de la chambre souterraine, se communiquoit par l'ouverture à la salle étroite, et de là au sanctuaire.

Cette pièce est voûtée, ainsi que celle qui lui correspond de l'autre côté; les voûtes sont à plein cintre, avec clef et voussoirs, telles que nous les faisons aujourd'hui : au sanctuaire, ce sont des pierres plates qui forment la couverture, à l'ordinaire ; les autres plafonds du temple sont écroulés ; toutes les murailles à l'intérieur sont enrichies d'hiéroglyphes. Ce temple m'a paru dédié aux trois grandes divinités Égyptiennes, autant que j'en ai pu juger par

(1) Cette construction a le plus grand rapport avec (Voyez la *Description de l'Égypte*, Antiq. Descr. celle du Qasr Qeroun, temple situé dans le Fayoum.   chap. XVI.)

les parties de l'édifice qui ne sont pas comblées; l'enceinte qui le renferme est remplie de maisons Arabes, aujourd'hui inhabitées.

En comparant ces maisons avec celles que j'ai décrites, et qui sont situées à trois lieues de Beyrys, on reconnoît facilement la différence qui existe entre les unes et les autres. Dans les premières, la plupart basses et de forme arrondie, on n'observe ni alignement ni aplomb dans les murs, ni aucune voûte, et tout annonce l'ouvrage des Arabes; tandis que les autres sont formées de briques plus grosses et très-régulières; que les murs sont alignés, les angles parfaitement d'équerre : on y voit des voûtes comme celles de Qournah; enfin le sol très-bien carrelé et une construction soignée prouvent que ces habitations sont antiques.

Après avoir quitté ces ruines, nous suivîmes notre route, allant toujours au nord, et nous laissâmes à l'ouest des ruines en terre. Plus loin, dans la même direction, est Genâh, village habité, mais inférieur à Boulâq : bientôt nous aperçûmes les palmiers d'el Khargeh; nous en étions encore à une heure de distance. Là, nous rencontrâmes une caravane qui s'étoit chargée de riz au chef-lieu de l'Oasis, et qui se rendoit auprès des Mamlouks, à Dongolah en Nubie. Après trois heures de marche, nous campâmes devant el Khargeh, à dix-huit lieues environ au nord de Beyrys.

§. VII.

El Khargeh. Population de l'Oasis. Temples et Tombeaux, grand Temple Égyptien. Inscriptions. Mauvaise qualité de l'eau. Retour. Arrivée au Kaire. M. H. Salt. Le Voyageur prend congé du Vice-roi. Départ pour France.

Le qâymaqâm ou gouverneur n'étoit pas de retour de Beyrys; ses agens vinrent nous offrir leurs services, et nous firent un bon accueil : nous trouvâmes diverses provisions, des moutons, des poules, &c. El Khargeh est peuplé d'environ deux mille habitans; on y récolte beaucoup de riz et des dattes : les arbres n'y manquent pas; on y voit beaucoup de *doum* et de dattiers, des citronniers, des acacias et des ifs. Des sources que les habitans conduisent par de petits ruisseaux, entretiennent leurs rizières, et tempèrent un peu la chaleur excessive du pays. Pour obtenir de la fraîcheur et se garantir des sables, les habitans de cette ville ont pratiqué, au-dessus des rues, des planchers et des appartemens; il y a quelques ouvertures ménagées, mais à de grandes distances l'une de l'autre, et qui ne produisent qu'une foible lueur, au point que, dans plusieurs quartiers, on est obligé, pour se conduire, même au milieu du jour, de chercher les murailles avec les mains : c'est une disposition singulière, que je n'ai vue dans aucun autre endroit.

Le commandant du pays est un cheykh nommé *Ibrâhym*, dont l'autorité

s'étend à Beyrys et sur toute l'Oasis. Le peuple est de race Arabe; il diffère peu des Arabes des bords du Nil, et il est encore plus superstitieux.
J'évalue le nombre des habitans du canton à quatre mille au plus. A l'exception d'une petite contribution qu'ils paient à Mohammed A'ly pâchâ, souvent même en riz, ces hommes vivent dans une parfaite indépendance ; ils
sont tous armés de fusils.

C'est ici que les Nubiens de Dongolah viennent s'approvisionner de riz.
Lorsque la caravane de Dârfour arrive, elle passe d'abord à Beyrys, et vient
ensuite se reposer à el Khargeh pendant quelques jours. Le chef de la caravane se rend à Syout, prévient le gouverneur de son arrivée, et reçoit la
permission d'entrer en Égypte.

Le 8, je commençai à visiter les environs de la ville. Sur un rocher
élevé, tout auprès et au nord, je trouvai les ruines d'un petit temple Égyptien : le sanctuaire est entièrement écroulé; les murailles qui existent encore
sur pied, sont couvertes d'hiéroglyphes à l'intérieur et à l'extérieur : cette
ruine est environnée d'une enceinte en briques crues, de cent quatre-vingt-
onze pieds (1). Près de là, dans la plaine, sont encore les ruines d'un
sanctuaire Égyptien, au sud du grand temple dont je parlerai tout-à-
l'heure.

Je continuai en me portant plus à l'ouest, et bientôt j'aperçus, sur une
élévation, à une lieue et demie au nord-ouest de la ville, une grande quantité de tombeaux Romains, dont l'aspect offre un coup-d'œil intéressant. Ce
lieu est appelé *el Gabaouât ;* il y existe plus de deux cents tombeaux élevés
en brique, remarquables par leur construction en forme d'arcade. Il y a
une multitude de ces arcades en plein cintre, bâties avec beaucoup d'art;
d'autres tombeaux ressemblent à des sanctuaires ayant les murs inclinés,
comme les pylônes d'Égypte, et ils sont couronnés par une corniche en
gorge, analogue à la corniche Égyptienne (2). On y voit nombre de peintures Coptes avec des inscriptions. Tous ces tombeaux ont été fouillés. J'y
ai trouvé des ossemens et des linges hors de terre ; beaucoup de corps paroissent avoir été embaumés, mais non pas par les procédés Égyptiens.
En plusieurs endroits, on remarque une cavité de trois à quatre pieds en
carré, creusée dans le roc, et d'une profondeur de huit à dix pieds, avec
des issues qui communiquent à de petites salles où l'on exposoit les morts.
Non loin de là, du côté de l'est, sont les tombeaux Égyptiens, c'est-à-dire,
des puits de momies : la plupart sont aujourd'hui comblés par les sables.

Comme je continuois à parcourir ce quartier, j'aperçus tout-à-coup, en
tournant un peu vers le sud, un superbe temple Égyptien, tout environné
de palmiers. Ce beau monument, par sa grandeur et sa magnificence, mérite
d'être placé au rang de ceux de la Thébaïde : il est à une lieue de la ville,
vers le nord-ouest.

(1) *Voyez* pl. XVI.   (2) *Voyez* pl. XXI.

A²

La longueur du temple proprement dit est de cent quatre-vingt-onze pieds, sans compter trois pylônes ou portails qui le précèdent à de longs intervalles. Le premier paroît être d'une construction plus récente : le second avoit une enceinte en brique, dont les murs ont douze pieds d'épaisseur; on en voit de foibles restes. Après avoir passé ces trois portes, on entre dans une enceinte à colonnes qui est devant le temple, avec une porte au sud et une au nord. Il reste six colonnes debout; les chapiteaux, à en juger par les débris qu'on y observe çà et là, renversés sur le sol, paroissent tous différens l'un de l'autre, comme on l'observe dans la plupart des chapiteaux Égyptiens.

Au-delà, on entre dans le temple, qui renferme vingt-quatre colonnes. Les chapiteaux n'avoient pas été achevés; ils sont nus et sans ornement. Tous les plafonds de la pièce d'entrée se sont écroulés, et ils sont enfouis sous les sables. Dans la partie au nord du temple, le sable s'élève jusqu'aux chapiteaux. Pour pénétrer plus loin, il me fallut opérer quelques déblais, qui me permirent de voir un petit sanctuaire orné d'hiéroglyphes et de bas-reliefs, où est représenté Osiris recevant des offrandes. Il existe encore neuf autres salles mystérieuses ; elles sont toutes enrichies d'hiéroglyphes dont le dessin est très-beau : dans le sanctuaire, ils sont finis d'une manière admirable. En avant du sanctuaire, est une pièce supportée par quatre colonnes ; les murs sont également enrichis d'hiéroglyphes sculptés en relief dans le creux et revêtus de peintures : les couleurs sont vives et brillantes et d'une grande conservation. Tout le temple est entièrement recouvert d'hiéroglyphes, excepté sur les colonnes. A la gauche, est un escalier par lequel on pénétroit dans des pièces situées au-dessus des salles, comme au temple de Kelâbcheh en Nubie : elles sont aussi ornées d'hiéroglyphes.

Ce monument, encore bien conservé, est en grande partie comblé par les sables. Son entrée principale est directement à l'est ; deux portes qui donnent entrée dans le temple, sont ouvertes du côté du nord: c'est par-là, je le présume, que devoit être située la ville ; mais je n'ai pu trouver les restes des maisons antiques, sans doute bâties en briques cuites au soleil. Je suis porté à croire qu'on les aura renversées pour recouvrir les couches de sable descendues de la montagne, et qu'on aura créé ainsi une partie des rizières que l'on cultive à présent. Les enceintes en terre qui entouroient le temple, sont également détruites.

Aujourd'hui, ce beau monument se trouve placé comme au milieu d'un jardin ; de toutes parts les avenues sont obstruées par des dattiers, des palmiers *doum*, des acacias, des ifs : sous les portiques du temple croissent des citronniers; et un ruisseau d'eau douce murmure et serpente à travers ces arbustes. Lorsqu'après une longue et pénible marche dans le désert, sur des plaines immenses de sable, où l'horizon n'offre à l'œil rien autre chose que des solitudes sans fin; lors, dis-je, qu'on découvre tout-à-coup quelques palmiers, qu'on touche au terrain cultivé, qu'on entend le chant des oiseaux,

qu'on aperçoit quelques maisons, enfin qu'on rencontre ce après quoi l'on
soupire si ardemment, une source d'eau pure, on éprouve un bien-être, une
jouissance qu'il est impossible d'exprimer ; alors la nature paroît plus belle
que dans toute autre situation. Ici, je ressentois un plaisir encore plus vif
par le spectacle des monumens, qui sembloient ajouter un nouveau charme
à cette riche végétation ; enfin le tableau étoit embelli par l'éclat du soleil
et par les formes pittoresques des montagnes environnantes.

Je séjournai en ce lieu quatre jours, que j'employai à prendre les plans
et les dessins du temple, et à copier diverses inscriptions Grecques. Une
d'elles, gravée sur un des côtés du premier portail, renfermoit environ neuf
mille lettres : cette inscription étant trop élevée pour que ma vue pût y atteindre, et pour que je ne craignisse pas de faire des erreurs en la copiant,
je pris le parti de monter sur le haut du portail par le côté de l'ouest, qui est
dégradé ; je démolis une assise pour approcher davantage de l'inscription ;
ensuite je me couchai sur le ventre. J'avois en dehors de la façade la tête
et les bras, pendant que mon interprète me retenoit par les pieds ; de cette
manière, je parvins à dessiner, lettre par lettre, les premières lignes : je
restai quatre heures dans cette pénible position. L'espérance d'emporter toute
cette inscription soutenoit mon courage, et j'oubliois mes fatigues. Après
avoir achevé la première partie du travail, je dus, pour continuer, chercher un autre moyen ; alors je fis couper un palmier, je le couchai sur la
muraille, je l'assujettis de mon mieux, et je montai dessus, tenant l'écritoire, la plume et le papier. Il me fallut, dans cette attitude peu sûre et fati-
gante, exposé à l'ardeur d'un soleil brûlant, par une chaleur de vingt-huit
degrés, travailler ainsi pendant deux journées entières. A force de persévérance, je vins à bout de triompher de tous les obstacles, et j'emportai l'inscription complète. Elle a environ douze à quinze pieds de hauteur ; les premières lignes sont des lettres de deux pouces et demi de haut, qui diminuent
insensiblement jusqu'à un pouce.

A vingt pieds derrière le grand temple, et dans l'axe, est une petite porte
en pierre, de la même construction que le temple, et qui devoit être celle
de l'enceinte ; aujourd'hui elle est isolée.

Derrière et tout près de ce temple, du côté du sud, sont les ruines d'un
petit sanctuaire, où il n'y a point d'hiéroglyphes : cette construction me paroît d'une époque bien postérieure au grand édifice.

L'usage de l'eau produisit sur nous un singulier effet ; il nous sortit des
boutons sur les mains et sur les pieds : pendant huit jours, nous eûmes à
souffrir de cette incommodité. Les chameaux étoient également couverts de
boutons. J'aurois voulu pouvoir faire dans ce lieu un plus long séjour, pour
entreprendre des fouilles et dessiner les hiéroglyphes des temples : mais nos
provisions commençoient à s'épuiser ; l'eau étoit peu saine, le climat insa-
lubre ; tout nous détournoit de rester plus long-temps.

La chaîne de montagnes, à l'ouest de l'Oasis, est en grès blanc; on y voit les carrières d'où ont été tirées les pierres dont les temples sont construits : ce grès est très-tendre, et en partie friable.

Le 11 de juillet au soir, nous partîmes en nous dirigeant au nord-est; après quatre heures de marche, nous arrivâmes au *Deyr*, ainsi que l'appellent les Arabes : c'est un grand château Romain fortifié, de deux cent quatre pieds en carré ; les murs ont quarante-cinq pieds de haut, sur douze d'épaisseur. Aux quatre angles et à l'extérieur, sont des contre-forts, et il y en a deux autres sur chaque flanc : ce sont des maçonneries de forme demi-circulaire, et semblables à des tours. Dans l'intérieur de l'enceinte, est une rampe assez rapide par laquelle on arrivoit au sommet des murailles ; de petits trottoirs y étoient ménagés intérieurement et extérieurement, avec un espace de neuf pieds pour les combattans. Auprès du château, est une source d'eau douce, où les caravanes font leur provision. Non loin de là, sont les ruines en terre d'un petit bâtiment portant des inscriptions Grecques et Coptes, ainsi que plusieurs autres restes d'habitations. Ces ruines sont remplies de fragmens de poteries qui couvrent une grande étendue de terrain (1).

Le 12, nous fîmes route pour le Nil, à travers une chaîne de montagnes de nature calcaire ; après trois heures de marche, nous passâmes un long *a'qabah*, formé par de hautes montagnes qui s'étendent du nord au sud. De leur sommet on découvre Khargeh, à six lieues de distance ; la vue s'étend très-loin sur cette immense plage, toute sablonneuse, avec de petits monticules calcaires disséminés de toutes parts. Je remarquai, dans le cours de ce voyage, que tout ce vaste désert est plus élevé au sud et à l'est, et plus bas vers l'ouest et le nord : l'inclinaison est même assez rapide. Après onze heures de marche, nous dressâmes la tente.

Le lendemain, comme nous éprouvions le desir et la nécessité d'arriver promptement au Nil, nous fîmes une marche forcée de quinze heures ; le sol ne me présenta rien de différent de ce que j'avois vu les journées précédentes : on trouve fréquemment dans ces montagnes des pétrifications coquillières, telles que des cames, et principalement des oursins.

Nous traversâmes, le 14, une chaîne de montagnes qui s'étend aussi du nord au sud ; après quoi nous aperçûmes des palmiers, et bientôt le Nil, avec ses bords toujours verts : après huit heures de marche, nous arrivâmes à Samatah, village au bord du désert, auprès de Samhoud, et à quarante lieues environ d'el Khargeh.

Cette route d'el Khargeh à Farchyout, et de là à Thèbes, paroît avoir été beaucoup plus suivie que celle d'Esné. C'étoit peut-être la route fréquentée par les anciens, quoique l'abondance des sables la rende plus pénible pour les animaux que celle d'Esné à Beyrys. Mes affaires m'appelant à Esné,

_____

(1) Je trouvai dans ce lieu divers fragmens de bois de palmier pétrifiés, et je remarquai aussi un vol de pigeons sauvages.

nous vînmes coucher près de Farchyout : le Nil fait ici un coude qui nous
auroit trop écartés, si nous eussions suivi ses bords; en conséquence, nous
nous mîmes en route, le 15, à travers la chaîne Libyque, et nous passâmes
dans la nuit un long *a'qabah;* il fallut quatre heures pour le descendre :
au pied des montagnes nous nous reposâmes quelques heures, et au jour
nous nous retrouvâmes à la vue du Nil; nous passâmes Rezgat, et nous
arrivâmes à Esné à midi. Là, je trouvai le laghum-dji-bachi, de retour de
Zabarah, où il n'avoit pu encore obtenir de l'eau suffisamment pour entreprendre une grande exploitation dans les mines d'émeraude. Cependant
il avoit ouvert le puits de l'ancienne station de la route de Bérénice ; et
l'eau qu'il en tiroit, étoit d'un grand secours pour les ouvriers. Il mainte-
noit alors dans les mines, d'après les ordres du pâchâ, cinquante hommes
seulement, occupés à creuser des puits et à faire quelques déblais.

Voyant que ces opérations, conduites avec si peu d'ouvriers, se prolon-
geroient long-temps sans produire de résultat, et ne pouvant, par cette
raison, espérer de contenter Mohammed A'ly pâchâ, je pris la résolution
de quitter momentanément ces travaux ; je sentois d'ailleurs vivement le
besoin de revoir ma patrie et d'embrasser mes parens, dont j'étois séparé
depuis neuf ans entiers. Je me rendis en conséquence au Kaire, où je pris
congé du vice-roi, avec la promesse de revenir auprès de lui.

M. Henry Salt, consul général d'Angleterre (1), à qui je fis part de mes
dernières excursions, m'encouragea obligeamment à aller en France, pour
y faire connoître moi-même ces découvertes, et il me donna les recomman-
dations les plus honorables auprès de M. Dacier, l'un des secrétaires per-
pétuels de l'Institut de France. M. Salt, et M. Banks, autre savant Anglais,
partoient à cette époque pour se rendre en Nubie et en dessiner les monumens.

___

(1) Ce savant, de la bienveillance duquel j'ai beaucoup
à me louer, s'occupe activement des recherches d'antiquités. Depuis son arrivée en Égypte, il a beaucoup contribué par ses lumières au succès des fouilles que les
Européens ont entreprises dans les ruines de Thèbes, et
qu'on exploite avec tant de succès *.

* M. Dacier a bien voulu me donner communication d'une lettre
dont M. Cailliaud étoit porteur pour ce Nestor de l'érudition. Voici
l'extrait de cette lettre (note de l'Éditeur) :

A M. le Secrétaire perpétuel de l'Académie des belles-lettres.

Kaire, 8 Octobre 1818.

« Monsieur,

« C'est avec un plaisir bien réel que je me procure l'avantage de
« vous écrire la présente, dont le but essentiel est de vous recom-
« mander M. Cailliaud, minéralogiste Français, qui aura l'honneur de
« vous remettre la présente en personne : ce jeune Français, par ses
« découvertes récentes dans ce pays, s'est fait honneur à lui-même et
« à sa patrie.

« L'année passée, il a eu le bonheur de faire ouvrir, pour son altesse
« le pâchâ, les mines d'émeraude près de la mer Rouge ; et, dans le

voisinage, il a découvert un village ancien, au pied d'une montagne
où sont excavés deux petits temples Grecs, portant des inscriptions
dans la même langue, un peu effacées, mais contenant le nom de
Bérénice. La première notice que j'ai eue m'a porté à croire qu'elle
pouvoit être la ville de Bérénice, si long-temps cherchée par les
savans : mais la vue de la carte m'a convaincu qu'elle ne mérite pas
ce titre ; et les stations qu'il a ensuite visitées, constatent assez clai-
rement que Bérénice doit être trouvée plus au sud, dans la latitude
d'Assouân.

« Un petit temple trouvé la même année près d'Edfou est encore
assez intéressant pour les voyageurs.

« M. Cailliaud a ajouté beaucoup cette année à ses recherches par
le voyage qu'il a entrepris dans la grande Oasis, où il a fait la
découverte inattendue de nombreux temples Égyptiens; découverte
encore plus extraordinaire, quand on considère que les voyageurs
Poncet et Browne ont passé par toute l'étendue du pays d'el
Khargeh jusqu'à Beyrys, sans même avoir entendu la moindre
nouvelle de si superbes restes d'antiquités.

« Les détails de ces édifices, fidèlement dessinés par M. Cailliaud,
et les inscriptions qu'il a copiées avec tant de soin, offrent un grand
intérêt aux amateurs de l'histoire. C'est un doux plaisir pour moi
de vous faire connoître les découvertes intéressantes faites par ce
Français; en les publiant, je remplis moi-même un devoir bien
satisfaisant pour mon cœur, &c.

« Signé Henry Salt. »

B²

Au mois de novembre 1818, je me rendis à Alexandrie ; au moment de mon départ, j'y vis M. Roussel, consul général de France, qui, après de longs et honorables services, se propose de rentrer en France pour y jouir d'un repos justement mérité. Enfin je m'embarquai à Alexandrie, le 6 novembre, sur un bâtiment Suédois, et, après une heureuse traversée de vingt-trois jours, j'arrivai à Marseille le 28 du même mois, riche de souvenirs, et heureux de pouvoir ajouter quelque chose aux travaux des savans et des artistes Français, dont l'ouvrage deviendra tous les jours plus précieux. En effet, si les monumens n'avoient à craindre que les injures du temps, ils subsisteroient encore bien des siècles : mais il leur faut résister aussi à la main des Turcs, qui viennent de renverser une grande partie de l'arc triomphal d'Antinoé ; aux efforts encore plus redoutables de certains Européens (1), qui, à Éléphantine, ont démoli le sanctuaire du temple, et, dans l'île de Philæ, des murailles enrichies des plus belles sculptures hiéroglyphiques ; enfin à l'action des eaux du Nil, qui achève de détruire les ruines d'Ombos, et le portique d'Antæopolis, portique dont il ne subsiste plus qu'une seule colonne. Un jour, plusieurs de ces beaux ouvrages ne présenteront plus que des masses de décombres. Du moins, grâce à la protection éclairée d'un Gouvernement ami des sciences et des lettres, le souvenir en sera conservé dans un monument durable, qui en retracera toujours la fidèle image, et qui attestera en même temps le degré où les arts sont parvenus dans notre chère patrie.

(1) Je tairai leurs noms, me bornant à dire que ce ne sont pas des Français.

FIN DE LA RELATION.

CHAPITRE III.

JOURNAL D'UN VOYAGE

A LA VALLÉE DE DAKEL,

Par M. LE CH.er DROVETTI,
CONSUL GÉNÉRAL DE FRANCE EN ÉGYPTE,

VERS LA FIN DE 1818;

Précédé d'un itinéraire de Syout à Dongolah et au Dârfour.

On part de Syout ou de *Beny-A'dyn* (1) pour aller dans le vallon d'el Khargeh, et on franchit le désert en trois ou quatre jours, selon le plus ou le moins de vîtesse de la marche.

Après avoir marché une demi-heure parmi des bouquets de dattiers, d'acacias et de *doum*, on voit, à la droite de la route et à un quart de lieue, un édifice en briques crues, appelé *Qasr Gebb el Şont* (2); à deux heures et demie plus loin, on trouve *Qasr Byâr el Hagar* (3), d'où l'on va en sept heures à *el Khargeh* (4).

Aux environs et à peu de distance d'el Khargeh, sont les monumens désignés sous les noms de *Qasr el Nedârah, Qasr el Taryhah, el Birbeh, el Qeybaouât, Qasr el Gabbâneh* (5).

En partant d'el Khargeh, et faisant route au sud, après une heure et demie de marche, on laisse sur la droite du chemin *Qasr Omm el Nassyn*(6); une autre heure et demie de marche conduit à *Genâh* (7); ensuite une heure et trois quarts, à *Qasr el Qoueytah* (8); encore une heure et trois quarts, à *Qasr A'yn el Zaydn* (9), où est un temple; enfin, deux heures et trois quarts, à *Boulâq* (10).

---

(1) M. Drovetti écrit *Ben Aly*.

(2) قصر جبّ الصنت

(3) قصر بيار الحجر

(4) الخرجه

(5) قصر النضاره ، قصر الطرهة ، البربه ، القيبوات ، قصر الجبانه

(6) قصر أمّ النسين

(7) جناه

(8) قصر القويطه

(9) قصر عين الزيان

(10) بولاق

Aux environs du village de Boulâq, sont les ruines d'anciennes habitations, appelées *Gortoumeh, Bychyou* (1); après trois heures de marche, on arrive à un bois de dattiers, nommé *Garmoucheyn* (2); de Garmoucheyn, on se rend en dix heures à *Beyrys* (3).

A une heure de Beyrys, et marchant au sud-est, on laisse, sur la droite, des plantations et les restes de deux villages entièrement abandonnés, *Maks el Baheyry* et *Maks el Qebly* (4); quatre heures plus loin, sont les monumens de *Douch el Qala'h* (5).

En partant de Maks, on peut aller en quinze jours dans le Dongolah, et en vingt-cinq dans le royaume de Dârfour : on marque ici les distances et le nom des sources que l'on trouve sur la route de Maks à Dongolah. Les Bédouins disent que ce chemin est parsemé de ruines d'anciens édifices. En partant de Maks, on va en trois jours à une source que les Arabes appellent *A'yn el Morr* (6); en deux jours, à *A'yn Kousbeh* (7); en un jour, à *A'yn el Cheb* (8); en trois jours, à *A'yn Selymeh* (9); en quatre jours, à *A'yn Elloqâh* (10); enfin en deux jours, à *Dongolah* (11).

L'eau qui jaillit de la source dite *A'yn Kousbeh* est la plus douce et la moins imprégnée de particules minérales; toutes les autres sont désagréables à boire.

En revenant de Beyrys à Boulâq, on passe près des ruines de deux villages, aux environs desquelles il y a des sources et des bois de dattiers; elles portent le nom de *Dakâkyn, Hagâgeh* (12): entre Dakâkyn et el Khargeh, on voit, à l'ouest, des plantations abandonnées; on les appelle *Khanâfès, el Moghârah, Sedyrâ* (13).

Aux environs d'el Khargeh, et à quelques lieues de distance, sont les mines d'alun, nommées *el Houry, el Touzer, A'yn el Maqta'* (14): ces mines fournissent sept à huit cents quintaux d'alun par an à l'Égypte.

En quittant el Khargeh pour aller dans le vallon du Dakel, on fait route au nord-ouest; à une heure et quart d'el Khargeh, on passe près des ruines dites de *Qasr el Târef* (15); celles de *Qasr el Fâkhourah* (16) sont à sept heures et un quart plus loin. En marchant dans la même direction, après cinq heures et quart, on arrive au pied de *Gebel Amour* (17); une montée

(1) بيشيو et جرثومه
(2) جرمومين
(3) بيريس
(4) مكس القبلى et مكس البحيرى
(5) دوش القلعه
(6) عين المـرّ
(7) عين كوسبه
(8) عين الـعب
(9) عين سلمه
(10) عين اللقاء
(11) دنجله
(12) حاجه et دكاكين
(13) سديرا et المغاره ، حنافس
(14) عين المقطع et الطوزر ، الهرى
(15) قصر الطارف
(16) قصر الفاخوره
(17) جبل امور

de trois quarts d'heure conduit sur un plateau à mi-côte. On le parcourt en une demi-heure pour se rendre au *Qasr A'yn Amour* (1), où est un petit temple de style Gréco-Égyptien; les ruines qui l'entourent annoncent qu'il y avoit ici une station : la source d'eau douce qui est dans l'enceinte, en fournit peu; elle est froide et de mauvaise qualité. En partant de Qasr A'yn Amour, on reprend la montée par un ravin tortueux et escarpé, et, après une demi-heure de marche, on se trouve sur la crête de la montagne. La route continue au nord-ouest; et, après cinq heures, on trouve les points de reconnoissance appelés *Gebel el Ghaouázy* (2); après une heure trois quarts, *Moudeyllet Abou A'âmer* (3); une heure, *Cheqq el Fár* (4); trois quarts d'heure, *Abou Tartour* (5); trois heures, *A'qabeh el Sekhdouy* (6). Ici l'on descend la montagne; la descente est de trois quarts d'heure. Après une heure de marche, on voit *Gebel el Qâdy* (7); une heure, *A'dmoud el Tyn* (8); demi-heure, *A'qabeh el Sáboun* (9). Ici recommence la descente, qui, en dix minutes, conduit dans la vallée du Dakel.

En marchant une heure, on arrive au milieu d'une petite plaine, où l'eau qui coule d'une source voisine entretient la plus belle végétation. Une demi-heure plus loin, on voit sur un tertre la première habitation de l'Oasis; ce sont les ruines d'un village Arabe appelé *Teneydeh* (10); il n'y a que deux ou trois maisons d'habitées : les restes des édifices publics et particuliers annoncent que jadis le nombre des habitans a dû être considérable. A une heure de distance de Teneydeh, et sur la gauche du chemin, on s'arrête pour voir les ruines d'un temple, dont il ne paroît plus que les murs de fondation; la distribution de ses parties m'a paru indiquer une construction Grecque. Presque à côté, est une source d'eau douce, appelée, à cause du voisinage du temple, *A'yn el Berbyeh* (11). Dans les environs, et à quinze, vingt et trente minutes de marche, on trouve plusieurs édifices anciens en briques cuites; à trois quarts d'heure de ces édifices, est le petit village de *Cheykh Besendy* (12), habité par une trentaine de familles. Ses campagnes sont arrosées par deux ruisseaux bordés de très-beaux et d'anciens arbres : ces arbres sont des acacias, *sont* en arabe. Les deux ruisseaux ont une source commune, qui fournit environ un quart de mètre cube d'eau.

Trois quarts d'heure de marche conduisent à *Qasr A'yn Amyr* (13), ancien édifice qui a pu être un temple, à en juger par l'enceinte : mais il est impossible de s'en assurer; il est entièrement couvert par les sables.

En une demi-heure, on arrive à *Balât* (14), gros village entouré d'un

(1) قصر عين امور	(8) عامود الطين
(2) جبل الغوازى	(9) عقبه الصابون
(3) ضميلله ابو عامر	(10) تنيده
(4) مقّ الفار	(11) عين البربيه
(5) ابو طرطور	(12) شيخ بسندى
(6) عقبة الخاوى	(13) قصر عين امير
(7) جبل القاضى	(14) بلاط

c²

mur, et dont la population pourroit être évaluée à peu près à mille habitans.

En partant de Balât, on se dirige au sud-ouest; après deux heures et trois quarts, on arrive au *Bahr belâ-mâ* (1), qui m'a paru le lit d'un torrent : suivant ce lit, et marchant à l'est pendant une demi-heure, on trouve les ruines d'un grand édifice appelé *Qasr el Halaqah* (2); une galerie voûtée en fait le tour : il y a eu dans cette enceinte un petit temple, dont on voit encore les débris épars. En cherchant à revenir sur la route, et à un quart d'heure de ces ruines, on voit les vestiges d'anciennes habitations. Trois quarts d'heure plus loin, se font remarquer les ruines d'une ville; on y voit les restes d'un temple, et, aux environs, des tombeaux, dont le plan architectural offre un ensemble et une distribution qui m'ont paru intéressans. Je les crois du temps où les Romains étoient maîtres de l'Égypte. Cet endroit s'appelle *Sment el Hamrâ* (3), de la couleur de ses murs, qui paroissent attester que cette ville fut détruite par un incendie. C'est à une heure plus loin qu'est le village de Sment, habité et entouré d'un mur presque aussi haut que les maisons, qui presque toutes ont deux étages.

Vis-à-vis de Sment, et à une heure de route à l'est, on rencontre le village d'*el Ma'sarah* (4).

A une heure au sud-est d'el Ma'sarah, *Harâbet el Yezydy* (5), ruines parmi lesquelles est une enceinte en briques crues; au milieu de cette enceinte, étoit un temple dont on aperçoit à peine quelques pierres éparses. Après une heure et demie, est le village de *Mout* (6), placé sur un monticule : ce village, qui se présente bien de loin, est entouré de dattiers, et domine une belle campagne.

A peu de distance, on voit les ruines de l'ancienne Mout : au milieu de l'enceinte, sont les restes d'un temple; à côté, on voit une source d'eau dont le bassin a environ huit mètres de profondeur : on fait sur cette source un récit digne de figurer parmi les contes des mille et une nuits. Dans la montagne, qui n'est pas loin de Mout, on exploite une mine d'alun.

Pour passer de Mout à *el Hindâou* (7), on revient au nord-ouest : ce village est presque sous la montagne; il ne reste plus rien des anciennes habitations qui mérite d'être observé. Il y a deux heures et demie de marche, vers le sud, d'el Hindâou à *el Qalamoun* (8) : les maisons de ce petit bourg, qui est menacé d'être englouti par les sables, et aux environs duquel on ne trouve pas d'eau potable, sont construites dans le même goût que celles des *bendar* de la haute Égypte; il y en a qui s'élèvent jusqu'à trois étages. C'est ici que fait sa résidence le qâymaqâm ou gouverneur de l'Oasis; il

(1) بحر بلاماء
(2) قصر الحلقه
(3) سمنت الحمراء
(4) المعصره
(5) حرابة اليزيدى
(6) موط
(7) الهنداو
(8) القلمون

descend des anciens odgiaklis, dont on trouve des familles dans presque tous les lieux habités des deux vallons du Khargeh et du Dakel.

En trois quarts d'heure on va d'el Qalamoun à *Qazoulah* (1), où il y a des restes d'anciennes maisons appelées *Selyb* (2) et *Byout el Nasdrah* (3). Une heure de marche conduit ensuite de Qazoulah à *Gedydeh* (4), gros village entouré de jardins plantés de dattiers, abricotiers, orangers, grenadiers, figuiers, &c. M. Savary auroit cru y voir ceux des Hespérides. Ici, comme en Palestine, on pleure les morts en chantant et dansant. Pour se rendre de Gedydeh à *el Mouchyeh* (5), on est en route pendant trois quarts d'heure : el Mouchyeh est un petit village placé sur une colline, du sommet de laquelle on aperçoit de près et à quelques heures de distance les restes d'anciennes habitations.

De Mouchyeh on va au *Qasr* (6) en deux heures ; une demi-heure avant d'y arriver, et tout à côté de la route, on trouve, sur la gauche, les ruines que les habitans nomment *Medynet Kaydd* (7) : les restes d'un temple et une petite pyramide en briques cuites sont tout ce qu'on y voit de plus remarquable.

Le *Qasr*, appelé ainsi comme par antonomase, et que les habitans honorent du titre de *Medynet*, est un *bendar* qui peut avoir deux mille habitans ; il est placé au pied de la montagne : une source abondante, qui jaillit au milieu du village, arrose les jardins qui l'entourent ; cette source d'eau est thermale et imprégnée de soufre. Le bassin qu'elle forme sert à baigner les femmes, qui s'y rendent en foule pendant la nuit : on a pratiqué à côté une chambre fermée pour les hommes. La fréquence de l'usage de ces bains me paroît devoir contribuer à la cécité, qui est très-commune parmi les habitans du Qasr; ce qu'on ne voit point dans les autres villages du Dakel : il en est de même à Genâh, dont la source donne de l'eau comme celle du Qasr. Ces deux sources présentent les mêmes phénomènes que la fameuse fontaine du Soleil dont parle Hérodote.

En parcourant la plaine qui s'étend à deux lieues au sud du Qasr, on visite d'abord les tombeaux d'*el Mezouaqah* (8), creusés dans un mamelon qui s'élève en pain de sucre ; en fouillant ces tombeaux, on a trouvé des momies d'hommes, ainsi que celles d'un animal que les habitans nomment *Ouhech el Gebel* (9) : j'ai emporté la tête d'un de ces animaux, réduite à l'état de squelette ; les cornes, à la racine, ont trente centimètres de circonférence. En visitant les restes de plusieurs édifices en briques crues, on arrive à un temple appelé *Deyr el Hagar* (10) ; il est entouré d'une enceinte en brique, à laquelle s'appuyoit un portique soutenu par des colonnes faites

(1) قزوله
(2) صليب
(3) بيوت النصاره
(4) جديده
(5) الموشيه

(6) قصر
(7) مدينة كياد
(8) المزوقه
(9) وحش الجبل
(10) دير الجر

avec des briques triangulaires : le mur étoit plâtré entièrement ; au bas de ce mur, on voit encore un lambris qui est peint avec goût. Ces portiques conduisoient à des appartemens bâtis avec les mêmes matériaux que l'enceinte : les appartemens, destinés peut-être au logement des prêtres, commençoient à la hauteur du sanctuaire et en faisoient le tour. Ce temple, construit en pierre calcaire, dans le style Égyptien, m'a paru appartenir à une époque postérieure aux premiers Ptolémées : il n'a point été achevé quant aux décorations intérieures; on n'y voit des figures et des hiéroglyphes que sur les chambranles et au-dessus des portes. La divinité principale est Osiris à tête de belier, accompagné d'Isis et d'Anubis. Ce temple a souffert, comme celui d'el Khargeh, un affaissement; comme cet affaissement est dans la même direction, il me paroît devoir être attribué à un tremblement de terre. Le voisinage des sources thermales me semble autoriser cette conjecture.

En revenant du Qasr à Balât, on passe par *Badakhlou* (1), qui est à deux heures et un quart du Qasr, et à une heure à l'ouest de Mouchyeh : on trouve, une heure plus loin, les ruines de *Deyr Abou Mettä* (2), édifice en briques crues; de ces ruines, on vient à Hindâou, puis à Sment et Balât. C'est aux environs de ce dernier village, qui se présente le premier à ceux qui viennent de Beny A'dyn, qu'on boit la meilleure eau du canton. Cette Oasis peut bien être le pays des Ammonites, qu'Hérodote place à dix journées de Thèbes. En partant de Balât, on arrive en cinq jours à Beny A'dyn, gros bourg qui est au pied de la chaîne Libyque, vis-à-vis de Manfalout.

D'après les calculs des voyageurs, on a évalué la marche des chameaux à trois quarts de lieue par heure : mais il me paroît difficile de pouvoir la déterminer; il y a, selon moi, trop de variations à estimer, et il est presque impossible d'en tenir compte. Ces variations tiennent essentiellement aux circonstances suivantes : le chameau marche mieux la nuit que le jour, beaucoup plus lorsqu'il approche de la station que lorsqu'il en part, très-peu lorsqu'il est mal chargé ; et s'il y en a plusieurs en cet état, il faut s'arrêter de temps en temps pour rétablir l'équilibre des charges. La marche des chameaux est plus accélérée lorsque les conducteurs les amusent en chantant que lorsqu'ils se taisent, et cela dépend souvent de la bonne ou mauvaise humeur des Bédouins ; enfin, lorsqu'ils reviennent sur les bords du Nil (et ces animaux patiens et intelligens s'en aperçoivent), leur marche est presque précipitée.

Du Qasr, faisant route au nord, on peut, en moins de quatre jours, aller à l'Oasis de *Faráfré* (3), d'où l'on passe à la petite Oasis en trois jours.

Entre Qasr Gebb el Sont et Qasr A'yn Amour, on trouve une autre

(1) بدخلو   (2) ديرابومتى   (3) فرافرا

petite Oasis , formée de deux villages appelés *Om el Debâdeh* et *el Lengeh* (1).

Toutes les fois qu'il est question de temples dans cet itinéraire, on veut parler de restes d'édifices construits en pierre calcaire.

N. B. En consultant l'itinéraire que m'avoit communiqué M. Cailliaud, j'observe qu'il n'a point indiqué le monument de *Qasr A'yn Zaydn;* c'est un temple qui, d'après l'inscription existante sur la porte, paroît avoir été restauré par les Romains. Je copie ici l'inscription telle que je l'ai lue sur le lieu :

ΑΓΑ · · · · ΧΗ.

ΑΜΘΝΗΒΙΘΘΩΙΝΙΕΠCΤΤΩΙΤΧΟΝΕΜΥΡΕΩCΚΑΙΤΟΙC
ΟΥΝΝΑΟΙCΘΕΟΙΟΥΠΕΡΤΗCΕΙΟΑΙΩΝΑΔΙΑΜΟΝΗCΑΝΤΩΝΕΙΝΟΥ
ΚΑΙΟΑΡΟCΤΟΥΚΥΡΙΟΥΚΑΙΤΟΙCΥΝΠΑΝΤΟΟΑΠΟΥΟΙΚΟΥΟCΗΚΟCΤΟΥΕΡΟ
ΥΚΑΙΤΟ
ΠΡΟΝΝΑΟΝΕΚΚΑΙΝΗCΚΑΤΕCΚΕΥ＼CΘΗΠΙΑΟΥΙΔΙΟΥΙ＼ΝΟΔΩΡΟΥΕΠΑΡΧΟ
ΥΝΓΟΠΟΥ
CΕΠΤΙΜΙΟΥΜΑΚΡΩΝΟCΕΠΙCΤΡΑΤΗΓΟΥCΤΡΑΤΗΓΟΥΝΤΟCΠΑΙΜΟΥΚΑΙΠΙ
: ΩΝΟC
CΤΟΥCΙΡΙΤΟΥΑΥΤΟΚΡΑΤΟΡΟCΚΑΙCΑΡΟCΤΙΤΟΥΑΙΝΟΥΑΔΡΙΑΝΟΥΑΝΤΩ
ΝΕΙΝΟΥ.
CΕΒΑCΤΟΥCΥCΕΒΟΥCΜΕCΟΡΗΟΚΡΩΚΑΙΔΕΚΑΤΗ (2).

(1) ام الدباد et اللّمح

(2) Voici la lecture et la traduction de cette inscription :

ΑΓΑΘΗΙ ΤΥΧΗΙ

Ἀμενῆϲι θεῷ μεγίϲῳ Τχονεμύρεωϲ ϗ τοῖϲ
συννάοιϲ θεοῖϲ · ὑπὲρ τῆϲ εἰϲ αἰῶνα διαμονῆϲ Ἀντωνείνου
Καίϲαρος τῦ κυρίου ϗ τῦ σύνπαντος αὐτῦ οἴκου ὁ σηκὸς τῦ ἱερῦ ϗ τὸ
προναον ἐκκαινῆϲ ϗ ἐϲκευάϲθη ἐπὶ Ἀουιλίου Ἡλιοδώρου ἐπαρχου Αἰγύπτου
Cεπ̂ιμίου Μάκρωνος ἐπιϲρατήγου ϲρατηγῦντος Π. Αἰλίου Καιπίωνος
ἔτυς τρίτυ αὐτοκράτορος Καίϲαρος Τίτυ Αἰλίου Ἁδριανῦ Ἀντωνείνου
ϲεβαϲτῦ εὐϲεβῦς μεσορῆ ὀκτωκαιδεκάτη.

« A Amenebis , dieu très-grand, Tchonemyris (ou « de Tchonemyris), et aux dieux honorés dans le même « temple. Pour la perpétuelle conservation d'Antonin « César et de toute sa maison, le *sécos* du temple et le « *pronaos* ont été construits de nouveau sous Avilius « Héliodore, préfet d'Égypte, Septimius Macron épistra-

« tège, P. Ælius Cæpion stratège, l'an 3.ᵉ de l'empereur « César Titus Ælius Adrien Antonin, Auguste, Pieux, le « 18 du mois de messori. »

On trouvera ailleurs les observations relatives à cette inscription. *(Note de l'Éditeur.)*

CHAPITRE IV (1).

RECUEIL D'INSCRIPTIONS

COPIÉES DANS LES DÉSERTS VOISINS DE LA MER ROUGE, AUPRÈS DE SYÈNE, ET EN NUBIE.

VOYAGE A L'EST.

I.

Inscription d'un Temple Égyptien situé dans le désert,
à l'orient d'Elethyia.

Elle est tracée sur le portique extérieur de ce temple, qui est revêtu de peintures.

LIΘIAPMOTEIEΓ·ΘΗΚΑΡ˅˙

·CΤPA·ωNOOωΓECTA

···ΗΔΗΜΗ·ΡΙωΓΑΙΑΤωΙ

ΒΝΙΛ€ωCANAKA···CAPAI

5 ΤΟ·ΑΡωΜΑΤΟΕΓΙΤΟ·ΓΑΝ€Ι

ΥΚΑΤ·ΙΟΛωΝΙΙCΓΟ··Ν

·ΚΑΙ···ΟΕΧωΡΗCΕΝ˙····Ν

ΚΓΛ˙Ρ····ω·······

ωΦΛΕΤΑΙCΥΝΠΑΜ

10   ΗΘΙΝ··ΙΝ·Γ˙····ωCΗ·CIC

ωCΛΗΓ·Ι····ΓΝ€

ΗΔΙ·······Χ·Μ·Α

7ωCΠΑΓΔΙΟ·ΙΧΔΙ··Τω

€ΤΤ·ΧΟΙ·

II.

Inscription copiée au même endroit que la précédente.

ΕΙΟΔΕΓΑΝΣΟΙΤΟΝΑΧΓΑΙΣ

ΤΟΛΑΥ··ΚΟΥΓCΡ···ΙΟΝ

ΞΗΝΟΔΟΓΟ·ΣΣ··ΘΕΙΣ

ΓΗΣΑΓΟΤΗΣΑΒΑΙ··ΩΝ

(1) On a pensé qu'on devoit faire entrer dans le texte le recueil d'inscriptions, indépendamment des planches, afin de faciliter les recherches. Consultez l'explication des planches VIII, XXII et XXIII.

Du même endroit.   *Du même endroit.*

ΘΕΟΤΙΛΟ·ΙΓΟΓΟ   ΟΕΟΦΡ̇

Ο˙ΤΡΑΤΟΥΜΔ   ΛΟΣΓΑ

ΚΕΔωΝ   ΗΙΜΞ

III.

Inscriptions du petit Temple à arcades, situé à l'est dans la ville de Sekket ou Bendar el Kebyr, et creusé dans la montagne.

Ces inscriptions sont gravées sur la façade du temple, au-dessus des portes.

ΠΟ·ΤΡΜΙΟϹ···ΚΔΓΤΟΤΤΡϹ

ωΛΙΗΝΟΥΜΕ··ΧΚΓΟΚΖ̄

ΡωΝΙΟΥΕΥΧΔΡΙΕΤΜ̇ϹΔϹΤω·

ΚΔΙΤΗΙϹΙΑΙΚΔΙΓωΑΠΟΛΛωΝΙΚΑΙ

ΝΙΔΟΙϹΘΕΟΙϹΓΑϹΙΕΠΟΙΗϹΝΡΟΙΕ·ΟΝ

ΒΕΡΕΝΕΙΚΗϹΚΑΙΤΟΖωΔΙΟΝΧΛΙΟΡΥΞΑϹ

··ΡΕΥΜΑΤΟϹΑΠΟΘΕΜΕΛΙΟΥΚΙ····

··ΜΑΤωΝΑΝΕΘΗΚΔΕΠΑΓΔω···

ΥΝΤΟΙϹΤΕΚΝΟΙϹΚΑΚΑΙΛΑΤΟΙΕϹΥΝΕΜΟϹ ΕΡΥΔΖΟΜϹΝΟΤ

ΛΡ ΓΟΙΗϹΑϹΙΔΔωΝΑΡΤΥΙΟΥΜΓΑΡΑΤω·ΟϹ ι

ΙΑΙ·· Π̈ΑΤΗΚΥΡ.Ι̇ΛΙϹΙΑΙΤΗϹΕΝϹΚΕΙΤΗΟ

ΟΜΟΥωϹΦΙΔΛΗΜ̇ΔΡΛΥΡ̄ΑΝΑ Β⁻ΤΑϒΤΔΠΑΝΤΑΕϹΤωΝΕΜωΙϒ̇

·ΚΑΝΑΤΙΟΝΕΥΧΑΡΙϹΤΗϹΔϹΤωϹΑΡΑΓΙΔΙΤωΜΝΙΕ̈Ι ωΡΥΞΑ

ΤΟΦΥΛΑΚΚΟΝ⊦ΗΜΟϹΠΔΥΝΙΚΙΑι··ΥϳΟ̄Τ ═ΜΚΧΠΧΖΤΟΙΕΡΥΟΥΕΠϹΙΗϹΔ

IV.

Inscription tracée en rouge sur la muraille du Temple principal de Sekket.

Θ̈ΕΠΑΚΥΜΟΖ_THO

ΖΝΤΟϹΙΡΙϹϹιιΑΦ_ΚΘ

ΠΡΟΗΤΗΣ

ΤΗϹΙϒΙΔΙ

ΤΟϹΙΑ

    ΝΗ+   ΚΘ

V.

Inscription gravée sur une colonne en granit, dans les carrières de Syène, à trois quarts de lieue au sud.

On présume que la colonne faisoit partie d'un tombeau.

IOMHAMMONLGfNVBID

NNONI-REGINAEOVOR·SVB

```
        TVTFLAHFC-MONSESTOVOD
        PRIMITER-SVBIMPeRIOPR-
    5   FELICISSIMO>SAECVIOD>D
        ÑÑINVICTOR·IMPSeVFRIFI·
        ANTONINIPIISSIMORVMVeC
        FI............SS
        JVLIAFDOMNAF·AVGMK~
   10   IVXSTAPHILASNOVAE~
        LAPICAEDINAEADINVEN
        TAETRACTAFQVESVNT.PARA
        STATLGAEET·COLVMNAE
        GRANDES·ET·MVLTAE·SVB
   15   SVBATIANO·AOVILAEPR·
        AEC·CVRAMACENEOP·DMINIC·
        AVRE.HERACLI·DAEDEC~AI·MAVR~
```

VI.

Inscription tracée en rouge, sous la galerie de Philæ, au bord du Nil.

```
        AMMωNIOCΔIONY
        CIOYeYXHNeΠOHCe
        ICIΔIKAICAPAΠIΔIKAI
        TOICCYNNACICΘEOIC
    5   TOΠPOCKYNHMAΠPωT
        ATOCTOYAΔEΛΦOYKA
        ITωNAYTOYÏeKNωNKAI
        NIΓPOYTOYAΔEΛΦOYKAI
        THCΓYNAIKOCKAIΔHM
   10   ATOCKAITωNTCKNωNAY
        THCKAIΔIONYTOCKAIANC
        YBATOCLΛAKAIKAPOCΠA
        YNI     ┌R
```

VII.

Inscription gravée sur une pierre qu'on présume avoir été le socle d'un obélisque en granit.

Cet obélisque étoit situé devant l'entrée principale du grand Temple.

```
ΒΑΣΙΛΕΙΓΤΟΛΕΜΑΙΩΙΚΑΙΒΑΣΙΛΙΣΣΗΙΚΑΕΟΓΑΤΡΑΙ·
ΤΗΙΑΔΕΛΦΗΙΚΑΙΒΑΣΙΛΙΣΣΗΙΚΛΕΟΡΑ·ΤΡΑΙΤΗΙΓΥΝΑΙ
```

E²

ΚΙΘΕοΙΣΕΥΕΡΓ·ΕΤΑΙΣΧΑΙΡΕΙΝΟΙΙΕΡΕΙΣΤΗΣΕΝΤΩΙΑΒΑ·

ΤΩΙΚΑΙΕΝΦΙΛΑΙΣΙΣΙΔοΣΘΕΑΣΜΕΠΣΤΗΣΕΓΕΙοΙΓΑΡΕΓΙ

5 ΛΗΜοΥΝΤΕΣΕΙΣΤΑΣΦΙΛΑΣΣΤΡΑΤΗΓΟΙΚΑΙΕΓΙΣΤΑΤΑΙ

ΚΑΙΘΗΒΑΡΧΑΙΚΑΙΒΑΣΙΛΙΚοΙΓΡΑΜΜΑΤΕΙΣΚΑΙΕΓΙΣ. ΤΑΤΑΙΦΥ

ΛΑΚΙΤΩΝΚΑΙοΙΑΛΛοΙΓΡΑΙΜΑΤΙΚΟΙΓΑΝΤΕΣΚΑΙΑΙΑ·

ΚΟΛΟΥΘοΤΣΑΙΔΥΝΑΜΕΙΣΚΑΙΗΛΟΙΠΗΥΠΘΡΗΣΙΑΑΝΑΤΚΑ

ΞΟΥΣΙΗΜΑΣΓΑΡοΥΣΙΑΣΑΥΤΟΙΣΓοΙΕΙΣΘΑΙοΥΧΕΚΟΝΤΑΣ

10 ΚΑΙΕΚΤΟΥΤοΙΟΥΤΟΥΣΥΜΒΑΙΝΕ·ΛΑΤΤΟΥΣΘΑΙΤο+ΕΡΟΝΙΚΑΙ

ΚΙΔΥΝΕΥΕΙΝΗΜΑΣΤοΥΜΗΕΧΕΙΝΤΑΝΟΜΙ ΞοΜΕΝΑΓΡΟΣΤΑΣ

ΠΝοΜΕΝΑΣΥΓΕΡΤΕΥΜΩΝΚΑΙΤΩΝΤΕΚΝΩΝΘΥΣΙΑΣ

ΚΑΙΣΓΟΝΔΑΣΔΕΟΜΕΘΥΜΩΝΘΕΩΝΜΕΠΣΤΩ·ΝΕΑΝ

ΦΑΙΝΗΙΑΙ·ΣΥΝΤΑΞΑΙΝοΥΜΗΝΙΩΙΤΩΙΣΥΠΕΝΕΚΑ

15 ΑΟΓΡΑΦΩΙΓΡΑΨΑΙΛΟΧΩΠΩΙΣΥΠΕΝΕΙΚΑΙΣΤΡΑΤΗΓΩΠΗΣ

ΘΗΒΑΙΔΟΣΜΗΓΑΡΕΝΟΧΛΕΙΝΗΜΑΣΓΡΟΣΤΑΥΤΑΜΗΔΑΛ

ΛΩΙΜΗΔΕΝΕΓΙΤΡΕΓΕΙΝΤοΑΥΤΟΓΟΙΕΙΝΚΑΙΗΜΙΝΔΙΔΟΝΑΙ

ΤΟΥΣΚΑΘΗΚΟΝΤΑΣΓΕΡΠΟΥΤΩΝΧΡΗΜΑΤΙΣΜοΥΣΕΝΟΙΣ

ΕΠΙΧΩΡΗΣΑΙΗΜΙΝΑΝΑΘΕΙΝΑΙΣΤΗΛΗΝΕΝΗΙΑΝΑΤΡΑΨΟΜΕΝ

20 ΤΗΝΓΕΓΟΝΥΙΑΝΗΜΙΝΥΦΥΜΩΝΓΕΡΙΤΟΥΤΩΝΦΙΑΑΝΘΡΩΓΙΑΝ

ΙΝΑΗΥΜΕΤΕΡΑΧΑΡΙΣΑΕΙΜΝΗΣΤΟΣΥΓΑΡΧΕΠΓΑΡΑΥΤΗΧΕΙΣΤΟΝ

ΑΤΤΑΝΤΑΧΡΟΝΟΝΤΟΥΤΟΥΔΕΓΕΝΟΜΕΝΟΥΕΣΟΜΕΘΑΚΑΙΕΝ

ΤΟΥΤΟΙΣΚΑΙΤΟΙΕΡΟΝΤΟΤΗΣΙΣΙΔΟΣΕΥΕΡΓΕΤΗΜΕΝΟΙ

ΕΥΤΥΧΕΙΤΕ.

VIII.

Inscription copiée dans les Catacombes de Faras en Nubie, à trois quarts de lieue du Nil.

On y trouve beaucoup d'inscriptions Grecques et Coptes.

+ΝΒΥΑΓΓΥ

·ΟΝΝΚΑΜΑρ

ΤΑΡΧ:ΗΜΩΥ

ΑΓΓεΡιΘΝΝΙ̅C̅

5 ΠεΧϹꞀϣΗΡε

Μ̅ΠΝΘΥΤεΚΑ

ΤΑΘεεΤεΤϹΗ&

&ΝΗΖΑΪΑϹ

ΝροꞀΗΤΟ

RECUEIL D'INSCRIPTIONS

COPIÉES DANS L'OASIS DE THÈBES, OU LA GRANDE OASIS.

VOYAGE A L'OUEST.

IX.

Inscription d'un Temple situé à Douch el Qala'h, à l'extrémité de l'Oasis.
Cette inscription est gravée sur le premier pylône ou portail, au-dessous de la corniche.

ΥΠΕΡΤΗΣΤΟΥΚΥΡΙΟΥΑΥΤΟΚΡΑΤΟΡΟΣΚΑΙΣΝΟΣΝΣΡΟΥΑ

ΤΡΑΙΑΝΟΥΑΡΙΣΤΟΥΣΕΒΑΣΤΟΥΓΕΡΜΑΝΙΚΟΥΔΑΚΙΚΟΥΤΥΧΗΣΕΠΙΜΑΡΚΟΥΡ
ΟΥΤΠΟΥΛΟΥΠΟΥ

ΕΠΑΡΧΟΥΑΙΓΥΠΤΟΧ · ΣΑΡΑΠΙΔΙΚΑΙΙΣΙΔΙΘΕΟΙΣΜΕΓΙΣ · ΤΟΙΣΟΙΑΠΟΤΗΣΚΥ
ΣΕΝΣΟΙΓΡΑ✝ΑΝ

ΤΕΣΤΗΝΟΙΚΟΔΟΜΗΝΤΟΥΠΥΛωΝΟΣΕΤΣΕΡΕΙΑΣΧΑΡΙΝΕΠΟΙΗΣΑΝ   ΙΙΘΑΥ
ΤΟΚΡΑΤΟΡΟΣΚΑΣΑΡΟΣ

ΝΕΡΟΥΑΤΡΑΙΑΝΟΥΑΡΙΣΤΟΥΣΕΡΑΣΤΟΥΓΕΡΜΑΝΙΚΟΤΔΛΚΙΚΟΥ   ΠΑΧωΝ_Λ

X.

Inscription du même lieu, gravée sur la porte du premier pylône, à gauche en entrant.

ΟΝΡΜΤΑΙΕΔΥΡΔΝΔΩΜΗΣΑΤΟΤ · ΕΙΧΕΟΣ!ΕΝΠΟ ·

Υ✝ΗΝΟ · ΜΣΑΘΕΗΟΝ ΡΙΧ;ΟΥΡΧΙΣΡΕΥΣ Σ

ΠΤΟΣΔΕΤΗΣΔΙΤΟΝΑΝΤΣΣΚΜωΝΑΙΗΙΕΝΙΚΤΣΙ ·

ΔΥΓΑΡΟΘΕΝΝΑΕΓΓΚΟΤΜ · · · ΟΜΙΞΟΜΕΝΔΝ

5 ΛΘ · ✝ΑΤΛΙΝΑΙΙ · ΙΟΣ · · ΝΟΙΣΕΓΘΤΕΝΥΤΟΤΑΣ · ΙΔΕΧΕΣΕ▵

Ο̇   ·᷆ΥγΑΡΓΟΙΟΙΚ̇ΕΡΓΟΜΕΝΗΓΕΔΙΟΕΣ

᷈ᶜᴺʸ
ΣΓΕΤΜΙΣΟ̇

ΠΑΣΓΑΣΣ✝Η⁻ΟΝΟΙΣΙΝΑᵒΙΛΜ

ΗΠΙΟΣΟΛΝΟΣΩΝΤΙΟΣΟΟΥΔΛΕΤΙΜΧ̇

XI.

Inscription du même lieu, gravée sur la porte du premier pylône, à gauche en entrant.

Ε̇ΑΤΕΡΟΜΗΓ · · · ΟΓΠ · · ΤΛΗΥΟΠ

✝ΥΝΕΧΗΣΣΧΙΕΙΟΤΣΩΣΩΤΔΥΙΟΝΔ · ΟΤΔΔΠ

CΣΣ· · ·ONG·NOA· ·OCΣN·AΓTMI

THIΔIω· ·MЄI· · ·EΓAI·HΣATONI· ·V

XII.

Inscription tracée sous une voûte qui formoit le sanctuaire d'un Temple aujourd'hui renversé, et qui a été couverte de peintures par les Coptes.

OΓ ΠOKVNHμAANO·λC

HωNλTOCωAЄC+μЄPIIΠA

PAIωKVPIω]AμINIXΘHNΠλЄA

KAITωNAX̊ωVΠANTωNMAJΓO

CⲁˢⲁΓωKAIIOωPⲁO CONΠCЄӡμ

I· · ·IpCKVIIHωVI+ +u

ωAX

XIII.

Inscription copiée sous la même voûte.

ATIIωNAΠOλλO

ΔЄΓHμE|ONΠAϘA

Iω|AΠOλλωNIEΠA

λ̊HΣωIAΓ

7ωNIΠA AϥΓICΠVVO/ϘI· ·

ΠAXωN K

XIV.

Inscription copiée sous la même voûte.

+AKλ ωΠX ZO ΓATINAϥ

TO+ · ·ATϥOOЄIΠΘϥXΘ

+VOOTIIAcGNZЄZϥω+ΣN

LX+AYΣω+ΓⲁTOTON+ϥ

ΠΘH· ΘNΘZϥN·ΠΠAN

+IЄΘNΓϥ +IωЄΓϩOϥTBω

|VλλX+Θϥ ΘATωλAΘλω

+T· +AXΠX·ϥλXOX Θϥo

NAX

IOΠ+ϫΠICTHΓZAЄYT Γ

Π

XV.

Autre Inscription tracée à la naissance de la même voûte.

Cette inscription ne peut être figurée en caractères typographiques (*voy.* pl. XIII, fig. 4).

XVI.

Inscription copiée sur le premier portail du grand Temple d'EL KHARGEH, chef-lieu d'el Oudh ou de la grande Oasis.

L'inscription est à gauche en entrant.

ΠΟСΙΔωΝΙΟССΤΡΑΤΗΓΟС·
ΤΗСΠΕΜΦΘΕΙСΗΓΜΟΙΤΠΟΤΟΤΚΤΡΙΟΤΗΓΕΜΟΝΟС
С··СΤΟΛΗССΤΝΤωΙΠΟΤΕΤΑΓΜΕΝωΙΠΙΟСΤΑ
····ΤΑΔΝΤΙΓΡΑΦΑΤΜΕΙΝΤΠΟΤΕΤΑΧΑΙΝΕΙΑΘ
5   ΑΤ/··Κ···ΟΓΟΝΤΕΚΑΙΜΗΔΕΝΤΠΕΝΑΝΤΙΟΝΤΟСΠΡΟС
        ·ΓΟΝΑΤΟΠΠΕΡΙΟΤ·ΑΛΤΔΙΟΤΚΑΙΟΑΛ
      ΤΟΚΙΑΤΟΡΟСΜСΧΕΙΙ   Ζ̄
      ΠωΝΠΟССΙΑωΝΙωΙСΤΙΑΤ··ΓωΙΟΑСΕ
      ΤΗСΠΟΔΕ·····ΙΙΟΕΘΗΜ̇···ΙΑΤΑΓωΑ
10   ΠΙω⳨ΝС·Λ̇ΘΤΛΟΜΑΙΟΙΝ·ΕΘΝ
      ΤΕΤ·ΙΙΜΗΤΡΟΓΟΥСΙΤΟΤΝΘΜΘΤΛΛΙΚΑΘΕΙ
      ΟΠΤΟΘΕΙΝΑΙСΑΦΕСΙ̇ΚΑΙΕΤСΗΜΟΙС
      Κ̇ΑΜΠΟΛΤΙΑΜΙΝΑΓΟΝΗΤΑΙΤΑΤ·ΕΜΟΤ

XVII.

Inscription copiée sur le même portail.

ΓΜΑΙΟСΟΤ····ΑΛΟСΚΑΠΙΤωΝ   ΛΕΓΕΙ
ΚΑΙΓΑΛΛΙΜΕΙΙΗΚΟΥΟΝΤΙΝΑСΑΠΑΝΑΘΑΔΙΚΟΥСΚΑΙΠΡΑΛΟΓΗ
ΟΑСΤΠΟΤωΝΠΛΕΟΝΕΚΤΙΚωСΚΑΙΑΝΔΙΔωΟΤΔΙΟΘΞΟΤω̇ΑΙСΑΠΟ
ΧΡωΜΕΝωΝΓΕΙΝΕСΘΑΙΚΑΙΝΥΝΔΕΕΝΤΗΤωΝΑΙΡΟΤωΥΙΜΑΛΙСΤΑ
5 ΕΓΝωΝΥΠΟΘΕСΕΙΟΤΙΑΝΑΛΓСΚΕΓΑΙΤΙΛΙΔΑΡСΔΖΟΝΤωΝΑΔС
   ωΓΤωΝΕΠΞΤΑΙСΧΡСΙΑΙСωСΥΠΟΚΟΙΛΛΕΝΑΘΙСΔΑΠΑΝΑС
   ΚΑΙΞСΝΙΑСΑΥΤωΝΤΑΜΗΤΕΟΝΤΑΜΗΤΕΟΦΕΙΛΟΝΤΑСΙΝΑΙ··
   ΟΜΟΙωСΑΘΚΑΙΑΛ̇ΑΓΑΡСΙωΝΟ·Ο·ΑΤΙΔΙΟСΕΛΕΥωΙΠΟΤС
   ΔΟΔΕΥΟΜΤΑСΔΙΑΤωΝΝΟΜωΝСΤΡΑΤΙωΤΑΟΚΑΗΠΠСΙСΚΑΤ̇
10 СΤΑΤΟΡΑСΚΑΙСΚΑΤΟΛΤΧΧΔСΚΑΙΧΕΙΛΙΑΧΟΥСΚΑΙΤʋΥΟΑΛΙ
   ΡΟΥСΑΠΑΝΤΑСωΜΑΤΔΕΧΟΡΠΝΚΑΙΤΟΥΤΟΥСΔΕСΤΕΓΗΙΜΟΝΟΝΔΕ
   ΧΕΓΘΑΙΤΟΤСΔΙΕΡΧΟΜΕΝΟΥСΤΠΑΚΕΙΜΕΝΟΝΤΕΜΗΔΕΝΑΜΗΔСΠΓΑ͞

ΤΕΙΝΕΞωΤωΝΤΠΟΜΑΞΙΜΟΤϹΤΑΘΕΝΤωΝΘΑΝΔΕΤΙϹΔωΙΗωϹΑϹ

ΔΟΜΕΝΟΝΛΟΓΙϹΗΤΑΙΚΑΙΕΙϹΓΡΑΞΗΙΑΗΜΟϹΙΑΤΟϹΤΟΝΤΟΔΕΚΑΠΛΟΥΝ

15 ΕΓωΙΕΛΓΡΑΞΙΟΤΑΤΤΟΘΕΠϹΑΞΟΝΤΟΝΝΟΜΟΝΚΑΙΤωΙΜΗΝΤ ͨΑΝΤΙ

ΤΟΤΕΤΙΛΠΛΑϹΕΙΟΝΜΕΙΟϹΔωΕωΙΕΚΤΗϹϹΤΟΤΚΑΤΑΚΡΙΘΕΝΤΟϹΟΤϹΙΛΟ

Ο ·········ΑϹΙΛΙΚΟΙΓΡΑΜΜΑΤΕΙϹΚΑΙΚωΜΟΓΡΑΜΜΑΤΕΙϹΚΛΙΤΟΠΟΓΡΑΜ

Σ·······ΕΙϹΚΑΤΑΝΟΜΟΝΡΙΑΝΤΑΟϹΑΔΛΠΑΝΑΤΑΙΕΚΤΟΤΝΟΜΟΤϹΙΤΙΝΑ

ΓΟΕΓΡΑΚΤΑΙΠΑΡΑΛΟΓωϹΗΑΛΛΟΠΑΝΑΓΛΦϹΟΘωΙΛΝΚϹΙΟ

20 ΕΞΗΚΟΝΤΑΕΠΙΔΟΤωϹΑΝΟΙΔΕΠΤΟϹΘΗΒΑΙΔΟϹΔΙΛΙΕΤΡΛΛϹωΟϹΟΛ

ΛΟΓΙϹΤΗΡΙΑΚΔΙΠΡΟϹΒΑϹΙΔΕΙΔΗΝΤΟΜΚΑΙϹΛΙΟϹΑΠΕΧϹΤΟΕΡΟΝΤΔΕΓ

ΤΟΥΛΟΓΙϹΤΗΡΙΟΤΤΑΙΤΟΤϹΕΚΑΟΓΙϹΤΑϹΠΕΜΠϹΤωΟΝΙΟΕΑΝ··ΠΛΑΤΟΔΙ

ΒΑΙΟΝΛΕΛΟΓΕΤΜΕΝΟΝΗΠΕΠΡΑΓΜΕΝΟΝΗΤΟΤΤΟΔΙΟΡΟωϹΟΜΛΙΟΜΟΙωϹ

XVIII.

Inscription copiée dans les tombeaux à l'ouest d'EL KHARGEH.
Ce lieu est appelé el Gabàoudt.

ΑΜΜωΝΙΟΝΕΝΧΡΗϹΤωΜΕΗΕΛΗΜΕΝΟΝΕ|ΛΟΝ

|ΛΛΑΘΕΙΧΡΠΓΕΠΑΤΕΡΧΡΥϹΕΟΝΓΕΝΟϹΥΠΟΦΗΝΛϹ

X·IX.

Copié au même lieu.

ΔΝΟΚΠΟωλΠωΙΙΡϹΝΕλc

XX.

Inscription tracée sur un bâtiment en ruine, auprès du château Romain situé au
nord-est d'EL KHARGEH.

ΙΚϹΟ✝ϹΔΡΧΑΓΓΛΟΤ—ΠΧΑΗΛΠΑΡΑΚΑλ ΕΛΟΙΟϹϹ

ΕΡΕΙϹϹΙΙΙ··ΚϹΚΠΑϹΟΝΗ ΒωΘΤΕΛΥΑΛΙΟΥΚΟΛ ͙ΛΠΑ

ΚΑΡΙΟΛ···ΤωΙΡΠΛΕ ΤΝϹϹΗΠΗΚΟΝΕΒωΤ·ϹΓΦ== ··ΛΙΗΝΟϹΚΟ

XXI.

*Grande Inscription copiée sur le premier portail du grand temple d'*EL KHARGEH*,
à droite en entrant (Voyez les n.ºs XVI, XVII).*

Comme on n'a pu exprimer en caractères d'imprimerie toutes les formes de lettres
de l'original, il sera bon de consulter la planche XXIV de l'ouvrage, où l'inscription
a été figurée à la manière d'un *fac simile.* Consultez aussi l'explication de la planche.

1 ΙΟΥΛΙΟΣΔΗΜΗΤΡΙΟΣΣΤΡΑΤΗΓΟΣΟΑΣΕⲰΕΘΙΛΑΙΔΟΣ· ΙΟΥΠΕΜΦΘΕΝΤΟΣΜΟΙ
ΔΙΑΤΑΓΜΑΤΟΣΥΠΟΤΟΥΚΥΡΙΟΥΗΓΕΜΟΝΟΣ

2 ΤΙΒΕΡΙοΥΙοΥΛΙΟΥΑΛΕＺΑΝΔΡΟΥΤΟΑΝΤΙΓΡΑΦΟΝΥΜΕΙΝΥΠΕΤΑＺΑΙΝΕΙΔΟΤ
ΕΣΑΠΟΛΑΥΗΤΕΤⲰΝΕΥΕΡΓΕΓΙⲰᴎ Ｌ ΒΑΟΥΚΙΟΥΛΙΒΙοΥΓΕΒΑΣΤΟΥΓοΥΑΠΙ
ΚΙΟΥ

3 ΓΑΛΒΑΑΥ⏤ΟΚΡΑΤΟΡΟΣΦΑⲰΦΙＡΙΟΥΛΙΑΣΕΒΑΣΤΗΙ   ΤΙΒΕΡΙΟΣ ΙΟΥΛΙΟΣ
ΑΛΕＺΑΝΔΡΟΛΑΕΓΕΙːΠΑΣΑΝΠΡΟΝΟΙΑΛΑΙΠΟΙΟΥΜΕΝΟΣΤΟΥΔΙΑΜΕΝ ΕΝ Τⲱ
ΠΡΟΣΗΚΟΥΤΙΚΑ

4 ΤΑΣΓΗΜΑΤΙΤΗΝΠΟΛΙΝΑΠΟΛΑΥΟΥΣΑΝΤⲰΝΕΥΕΡΓΕΣΙⲰΝΑΣΕΧ · ΕΙΠΑΡΑΤⲱ
ΝΣΕΒΑΣΤⲰΝΚΝΤΟΥ ΤΗΝΑΙΓΥΠΤΟΝΕΝΕΥΣΤΑΘΕΙΑΔΙΑΓΟΥΣΑΝΕΥΘΥΜⲰ
ΣΥΠΗΡΕΤΕΙΝΤΗΙΤΕΕΥΘΗΝΙΑΚΑΙΤΡΙΣΜΕΓΙΣ

5 ΤΗΙΠⲰιΝΥΝΚΑΙΡⲰΝΕΥΔΑΙΜΟΝΙΑΜΗΙΒΑΡΥΝΟΜΕΝΗΝΚΑΙΝＡΙΣΚΑΙΑΔΙΚΟΙΣ
ΕΙΣΠΡΑＺΕΣΙΣΧΕΔΟΝΔΕΕＺΟΥΤΗΣΠΟΛΕⲰΣΕΠΕΒΗΗΚΑΤΑΒοⲰΜΕΝΟΛΥΠ
ΟΤⲰΝΕΝΤΥΓΧΑΝΘΝΤⲰΝΚΑΙΚΑΤΟΝΓΟΥΣΚΑΙΚΑ

6 ΤΑΠΛΗΘΗｌΤⲰΝΤΕΕΝΘΑΔΕΕΥΣΧΗΜΟΑΙΕΣΤΑΤⲰΝΚΑΙΤⲰΝΓΕⲰΡΓΟΝΤⲰΝΤΗΝ
ΧⲰΡΑΝΜΕΜΦΟΜΕΝⲰΝΤΡΣΕΓΓΙΣΤΑΓΕΝΟΜΕΝΑΣΕΠΗΡΕΙΑΣΟΥΔΙΕΛΙΠΟΝΜ
ΕΝΚΑΤΑΤΗΝΕΜΑΥΤΟΥΔΥΝΧΜΙΝΤΑΕΓΕΙΓΟΝ

7 ΤΑΣΠΑΝΟΡΘΟΥΜΕΝΟΣｌΝΑΛΕΕΥΟΥΜΟΤΕΡΟΙΠΑΝΤΑΡΑΠΙΣ ΗΙΕΠΑΡΑΤΟΥ
ΕΠΙΛΑΜΨΑΝΤΟΣΗΜΕΙΝΕΠΙΓⲰΤΗΡΙΑΤΟΥΠΑΝΤΟΓΑΝΘΡⲰΠⲰΝΓΕΝΟΥΣ
ΕΥΕΡΓΕΤΟΥΣΕΒΑΣΤΟΥΑΥΤοΚΙΑΤΟΡΟΣΓΑΛΒΑΤΑΤΕΠΡΟⲰιΗΡΙΑΝ

8 ＶΑΙΤΑΠΡΟΣΑΠΟΛΑΥΣΙΝΚΑΙΓΙΝⲰΣΚΗΤΕΟΤΙΕΦΡΟΝΤΙΣΑΤⲰΝΠΡΟΣΤΗΝΥ
ΜΡΤΕΡΑΝΒΟΗΘΕΙΑΝΗΚΟΝΤⲰΝΙ ΠΟΡΕΓΡΑΨΑΑΛΑΠΑΙⲰΣΓΕΡΙΕΚΑΣΤΟΥΤⲱ
ΝΕΠΙΖΗΤΟΥΜΕΝⲰΝΟΣΔΕＺΕＺΕΣΤΙΜΟΙΚΡΕΙ

9 ΝΕΙΝΚΑΙΠΟΙΕＰΝΤΑΔΕΜΕΙΖΟΝΑΚΝΔΕΟΝΕΛΑΤΗΣΤΟΥΑΥΤΟΚΡΑΤΟΡΟΓΑΥ
ΝΑΜΕⲰΣΚΑΙΜΕΓΑΛΕΙΟΤΗΤΟΓΑΥΤⲰΙΔΗΛⲰΤⲱΙΜΕΤΑΠΑΣΗΣΑΛΗΘΕΙΑΣΤⲱΝ
ΘΕⲰΝΤΑΜΙΕΥΣΑΜΕΝⲰΝΕΙΣΤΟΥΤΟΝΤΟΝ

10 ＶΕΡⲰΤΑΤΟΝΚΑΙΡΟΝΤΗΝΤΗΣΟΙΚΟΥΜΕΝΗΣΑΣΦΑΛΕΙΑΝΕΓΝⲰΝΓΑΡΠΡΟ
ΠΑΝΤΟΣΕΥΑΟΓⲰΤΑΤΗΙΟΥΣΑΙΙΤΗΝΕΝΤΕΥＺΙΝΥΜⲰΝΥΠΕΡΤΟΥΜΗΙΑΚΟΝ
ΤΑΣΑΝΘΡⲰΠΟΥΣΕΙΣΤΕΛⲰΝΕΙΑΣΗΙΑΛ

11 ΛΑΣΜΙΣΘ^ωΣΕΙΣΟΥΣΙΑΚΑΣΠΑΡΑΤΟΚΟΙΝΟΝΘΟΣΤ^ωΝΕΠΑΡΧΕΙ^ωΝΠΡΟΣΒΙΑΝ
ΑΓΕΕΘΑΙΚΑΙΟΤΙΟΥΚΟΛ··^ωΙΕΒ<u>ΛΑ</u>ΨΕΤΑΠΡΑΠΑΙΑΤΟΠΟΛΛΟΙΣΑΠΕΙΡΟΥΣΟ
ΝΤΑΤΤΗΓΟΙΑΙ

12 ΤΗΣΠΡΑΓΜΑΤΕΙΑΣΑΥΘΗΝΑΙΜΕΤΑΝΑΓΚΗΣΕΠΥΒΑΗΘΣΝΤ^ωΝΑΥΤΟΙΣΤ^ωΝ
ΤΕΛ^ωΝ ΔΙΟΠΕΡΚΑΙΑΥΤΟΣΟΥΤΕΙΠΓΑΓΟΝΤΙΝΑΙΕΣΤΕΛ^ωΝΕΙΑΝΗΙΜΙΣΘ^ω
ΣΙΝΟΥΤΕΑΞ^ωΙΣΙΔ^ωΙΤΟΥΤΟ

13 ΣΥΜΦΕΡΕΙΝΚΑΙΤΑΙΣΚΥΡΙΑΚΑΙΣΨΗΦΟΙΣΤΟΜΕΤΑΠΡΟΘΥΜΙΑΣΕΚΟΝΤΑΣΠ
ΡΑΓΜΑΤΕΥΕΣΘΑΙΤΟΥΣΔΥΝΑΤΟΥΣ ΠΕΠΕΙΣΜΑΥΔΕΟΤΙΟΥΔΕΙΣΤΟΝΕΛΛΟ
ΝΑΚΟΝΤΑΣΤΙΣΑΞΕΙΤΕΛ^ωΝΑΣ

14 ΗΙΜΙΣΘΘΤΑΣΑΛΛΑΔΙΑΜΙΣΘ^ωΣΕΙΤΟΙΣΒΟΥΛΟΜΕΝΟΙΣΕΚΟΥΣΙ^ωΣΠΡΟΕΡΧΕ
ΣΘΑΙΜΑΛΛΟΝΤΗΝΤ^ωΝΠΡΟΤΕΡ^ωΝΕΠΑΡΕΧ^ωΝΑΙ^ωΝΙΟΝΓΥΝΗΘΕΙΑΝΦΥΛΑ
ΣΣ^ωΝΗΙΤΗΝΠΡΟΣΚΑΙΡΟΝΤΙΝΟΣΑΔΙΚΙΑΝ

15 ΜΕΙΜΗΣΑΜΕΝΟΣ ΕΠΕΙΔΗΙΕΝΙΟΙΠΡΟΦΑΣΕΙΤ^ωΝΔΗΜΟΣΙ^ωΝΚΑΙΑΛΛΟΤΡΙΑΔΑ
ΝΕΙΑΠΑΡΑΧ^ωΡΟΥΜΕΝΟΙΕΙΣΤΕΤΟΠΡΑΚΤΟΡΕΙΟΝΤΙΝΑΣΠΑΡΕΔΟΣΑΝΚΑΙΕ
ΙΣΑΛΛΑΣΦΥΛΑΚΑΣΔΣΚΑΙΔΙΑΥΤΟΤΟΥΤΟ

16 ΕΓΝ^ωΝΑΝΑΙΡΕΘΕΙΣΑΣΙΝΑΑΙΠΙΑΞΕΙΣΤ^ωΝΔΑΝΕΙ^ωΝΡΚΤ^ωΝΥΠΑΡΧΟΝΤ^ωΝ^ωΣΙ
ΚΑΙΜΗΙΕΚΤ^ωΝΓ^ωΜΑΤ^ωΝΕΠΟΜΕΝΟΣΤΗΙΤΟΥΘΕΟΥΣΕΒΑΓΤΟΥΒΟΥΛΗΣΕΙ
ΚΕΛΕΥ^ωΙΜΗΔΕΝΑΤΗΙΤ^ωΝΔΗΜΟΣΙ^ωΝΠΡΟΦΑ

17 ΣΕΙΠΑΡΑΧ^ωΡΕΙΣΘΑΙΠΑΡΑΛΛ^ωΝΔΑΝΕΙΑΑΜΗΙΑΥΤΟΣΕΞΑΡΧΗΣΕΔΑΝΕΙΣΕΝ
ΜΗΙΔΟΛ^ωΣΚΑΤΑΚΛΕΙΕΓΘΑΙΤΙΝΑΓΕΛΕΥΘΕΡΟΥΣΕΙΣΦΥΛΑΚΗΝΗΝΤΙΝΟΥ
ΝΕΙΜΗΙΚΑΚΟΥΡΓΟΝΜΗΔΕΙΣΤΟΝΠΡΑΚ

18 ΤΟΡΕΙΟΝΕΞ^ωΙΓ^ωΝΟΦΕΙΛΟΝΤ^ωΝΕΙΣΤΟΝΚΥΡΙ^ωΟΝΛΟΓΟΝΙΝΑΛΕΜΗΙΛΑΜΟ
ΘΗΝΒΑΡΥΝΗΙΤΑΓΠΡΟΓΑΛΛΗΛΟΥΓΤΥΝΑΛΛΑΓΑΣΤΟΤ^ωΝΔΗΜΟΣΙ^ωΝΟΝΟΜ
ΑΜΗΛΕΣΥΝΕΧ^ωΣΙΤΗΝΚΟΙΝΗΝΠΙΣΤΙΝ

19 ΟΙΤΗΙΠΡ^ωΤΟΠΡΑΞΙΑΠΡΟΣΑΜΗΔΕΙΚΑΤΑΧΡ^ωΜΕΝΟΙΚΑΙΠΕΡΙΤΑΥΤΗΣΑΝΑΓ
ΚΑΙ^ωΣΠΡΟΕΓΡΑΨΑΕΔΗΔ^ωΘΗΙΓΑΡΜΟΙΠΟΛΛΑΚΙΣΟΤΙΗΔΗΙΠΝΕΣΚΑΙΥΠΟ
ΘΗΚΑΣΕΠΕΙΡΑΣΑΝΑΦΕΛΕΣΘΑΙΝΟΜΙΜ^ωΣ

20 ΤΕΥΟΝΥΙΑΣΚΑΙΑΤΟΔΕΔΟΜΕΝΑΔΑΝΕΙΑΠΑΡΑΤ^ωΝΑΠΟΛΑΒΟΝΤ^ωΝΑΝΑΠΡΑΣ
ΣΕΙΝΠΡΟΣΒΙΑΝΚΑΙΑΓΟΡΑΣΜΟΥΣΑΝΑΛΑΣΤΟΥΣΠΟΙΕΙΝΑΠΟΣΠ^ωΝΤΕΣΤΑ
ΚΤΗΜΑΤΑΤ^ωΝ^ωΝΗΣΑΜΕΝ^ωΝ^ωΣ

21 ΣΥΜΒΕΒΛΗΚΟΤ^ωΝΤΙΣΙΝΑΝΑΒΟΛΙΚΑΕΙΛΗΦΟΣΕΚΤΟΥΦΙΣΚΟΥΗΙΣΤΡΑΤΗΓΟΙ
ΣΗΙΠΡΑΓΜΑΤΙΚΟΙΣΗΙΑΛΛΟΙΣΤ^ωΝΠΡΟΣΟΦΕΙΧΗΚΟΤ^ωΝΤ^ωΙΔΗΜΟΣΙ^ωΙΛΟ
Γ^ωΙΚΕΛΕΥ^ωΙΟΥΝΟΣΤΙΣΣΑΝΕΝΘΑΛΕ

22 ΣΠΙΤΟΠΟΣΤΟΥ.ΚΥΡΙΟΥΗΙΟΙΚΟΝΟΜΟΣΥΠΟΠΤΟΝΤΙΝΑΕΧΗΙΤ^ωΝΕΝΤΟΙΣΔ
ΗΜΟΣΙΟΙΣΠΡΑΓΜΑΣΙΟΝΤ^ωΝΚΑΤΕΧΕΣΘΑΙΑΥΤΟΥΤΟΟΝΟΑΗΙΠΡΟΓΡΑΦΕ
ΙΝΙΝ···ΣΙΣΓ^ωΙΤΟΙΟΥΤ^ωΙΣΥΝΒΑΛΛΗΙ

23 ΗΙΜΕΡΗΙΤⲱΝΥΠΑΡΧΟΝΓⲱΝΑΥΤΟΥΚΑΤΕΧΕΙΝΕΝΤΟΙϹΔΗΜΟϹΙΟΙϹΓΡΑΜΜΑΤ
ΟΦΥΛΑΚΙΟΙϹΠΡΟϹΟΦΙΛΗΜΑΕΑΝΔΕΤΙϹΜΗΙΤΕΟΝΟΜΑΤΟϹΚΑΤΕϹΧΗΜΕ
ΝΟ<u>Υ</u>ΜΗΤΕΤⲱΝΥΠΑΡΧΟΝΤⲱΝΚΡΑΤΟΥ

24 ΜΕΝⲱΝΔΑΝΙϹΗΓΝΟΜΙΜⲱϹΛΑΒⲱΝΥΠΟΘΗΚΗΝΗΙΦΘΑϹΗΙΑΕΔΑΝΙϹΕΝΚΟΜΙϹΑ
ϹΘΑΙΗΙΚΑΙⲱΝΗϹΗΤΑΙΤΙΜΗΙΚΑΤΕΧΟΜΕΝΟΥΤΟΥΟΝΟΜΑΤΟϹΜΗΔΕΤΟΥΟ̇
ΥΠΑΡΧΟΝΤΟϹΟΥΔΕΝΠΡΑΓΜΑΕΞΕΙ

25 ΤΑϹΜΕΝΓΑΡΠΟΙΚΑϹΑΛΛΟΤΡΙΑϹΟΥϹΑϹΚΑΙΟΥΤⲱΝΕΙΛΗΦΟΤⲱΝΑΝΔΡⲱΝΚΑΙ
ΟΘΕΟϹϹΕΒΑϹΤΟϹΕΚΕΛΕΥϹΕΝΚΑΙΟΙΕΠΑΡΧΟΙΕΚΤΟΥΦΙϹΚΟΥΤΑΙϹΠΝΑΙΞΙ
ΑΠΟΔΙΔΟϹΘΑΙⲱΝΒΕΒΑΙΑΝΔΕΙ

26 ΤΗΝΠΡⲱΤΟΠΡΑΞΙΑΝΦΥΛΑϹϹΕΙΝ ΕΝΕΤΕΥΧΘΗΝΔΕΚΑΙΠΕΡΙΤⲱΝΑΤΕΛΕΙⲱΝ
ΚΑΙΚΟΥΦΟΤΕΛΕΙⲱΝΕΝΑΙϹΕϹΤΙΝΚΑΙΤΑΠΡΟϹΟΔΙΚΑΑΖΙΟΥΝΤⲱΝΑΥΤΑϹΦ
ΥΛΑΧΘΗΝΑΙⲱϹΟΘΕΟϹΚΛΑΥΔΟϹ

27 ΕΓΡΑΨΕΝΠΟϹΤΟΜⲱΙΑΠΟΛΥⲱΝΚΑΙΛΕΓΟΝΤⲱΝΥϹΤΕΡΟΝΚΑΤΑΚΕΚΡΙϹΘΑΙΤ
Α·ΥΠΟΙΔΙⲱΤⲱΝΠΡΑΧΘΩΝΤΑΕΝΤⲱΙΜΕϹⲱΙΧΡΟΝⲱΙΜΕΤΑΤΟΦΛΑΚΚΟΝΚΑΤ
ΛΚΡΕΙΜΑΙΚΑΙΠΡΟΤΟΥΤΟΝΘΕΟΝ

28 ΚΜΥΛΙΟΝΑΠΟΛΥϹΑΙ ΕΠΕΙΟΥΗΚΑΙΒΑΛΒΙΛΛΟϹΚΑΙΟΥΗϹΤΕΙΝΟϹΤΑΥΤΑΑΠ
ΕΛΥΓΑΝΑΜΦΟΤΕΡⲱΝΤⲱΝΕΠΑΡΧⲱΝΕΠΙΚΡΙΜΑΤΑΦΥΛΑϹϹⲱΝΚΛΙΕΚΚΙΝⲱΝΚ
ΑΤΗΚΟΔΟΥΘΗΚΟΤⲱΝΤΗϹ

29 ΤΟΥΟϹΟΥΚΛΑΥΔΙΟΥΧΑΡΙΤΙⲱϹΤΕΑΠΟΛΕΑΥϹΘΑΙΤΑΜΗΔΕΠⲱΙΕΞΑΥΤⲱΝΕΙϹ
ΠΡΑΧΘΕΝΤΑΔΗΛΟΝΟΤΙΕΙϹΤΟΛΟΙΠΟΝΤΗΡΟΥΜΕΝΗϹΑΥΤΟΙϹΤΗϹΑΤΕΛΕ
ΙΑϹΚΑΙΚΟΥΦΟΤΕΛΕΙΑϹΥΠΕΡΛΕ

30 ΤⲱΝΕΚΤΟΥΚΑΙϹΑΡΟϹΛΟΓΟΥΠΡΑΧΟΕΝΤⲱΝΕΝΤⲱΙΜΕϹⲱΙΧΡΟΝⲱΙΠΕΡΙⲱΝΕΚ
ΦΟΡΙΑΚΑΤΕΚΡΙΘΗΙⲱϹΟΥΗϹΤΕΙΝΟϹΕΚΕΛΕΥϹΕΝΑΚΑΘΗΚΟΝΤΑΤΕΛΕΙΕΘΑ
ΙΚΑΙΑΥ *(lacune)*

31 ΤΟϹΙϹΤΗΜΙΑΠΟΛΕΛΥΚⲱϹΤΑΜΗΔΕΠⲱΙΕΙϹΠΡΑΧΘΕΝΤΑΚΑΙΠΡΟϹΤΟΜΕΛΛΟΝ
ΜΕΝΕΝΑΥΤΑΕΠΙΤΟΙϹ ΚΑΘΗΚΟΥϹΙΑΔΙΚΟΝΓΑΡϹΤΙΝΤΟΥϹⲱΝΗϹΑΜΕΜ
ΟΥϹΚΤΗ *(lacune)*

32 ΜΑΤΑΚΑΙΤΙΜΑΓΑΥΤⲱΝΑΠΟΔΟΝΤΑϹⲱϹΔΗΜΟϹΙΟΥϹΓϹⲱΡΓΟΥϹΕΚΦΟΡΙΑ
ΑΠΑΙΤΕΙϹΘΑΙΤⲱΝΙΔΙⲱΝΕⲱΔΑΦⲱΝΑΚΟΛΟΥΘΟΝΔΕΕΪΤΙΝΤΑΙϹΤⲱΝϹΕ
ΒΑϹΤⲱΝ *(lacune)*

33 ΧΑΡΙϹΙΚΝΤΟΤΟΥϹϹΝΓΕΝΕΙϹΑΛΞΞΑΝΔΡΕΙΓΚΑΙΕΝΤΗΪ·ΟΛΛΙΑΦΙΛΕΡΓΙΑΜΚΑ
ΤΘΙΚϹΥΜΤΑ···ΙΓΥΜΙΙΛΓΜΙΑΝ···ΛΕ····ι··ΤΟΥ *(lacune)*

34 ΠΟΛΛΑΚΙϹΜΕΝΕΠΕΖΗΤΗϹΑΤΕΚΑΥΤΟϹΔΕΦΥΛΑϹϹⲱΙⲱϹΤΕΜΗΔΕΝΑΤⲱΝ
ΕΝΓΕΝⲱΝΑΛΕΞΑΝΔΙΕⲱΝΕΙϹΛΕΙΤΟΥΡΓΙΑϹⲱΡΙΧΑΕΑΓΕϹΘΑΙ ΜΕΛΗΕ
ΕΙΔΕ *(lacune)*

35 ΜΟΙΚΑΙΤΑϹϹΤΡΑΤΗΓΙΑΕΜΕΤΑΔΙΑΛΟΤΙϹΜΟΝΠΡΟϹΤΡΙΕΤΙΑΝΕΝΧΙΡΙΖΕΙΝ

G²

ΤΟΙΣΚΑΤΑΣΤΑΘΗΣΟΜΕΝΟΙΣ   ΚΑΟΟΛΟΥΛΕΚΕΛΕΥ^ωΙΟΣΛΚΙΣΕΠΑΡΧΟΣΕ
ΠΑΥΤΟΝΑΧΘΕΝΤΑΕΦΘΟ

36 ΣΕΝΚΡΕΙΝΑΣΑΠΟΛΥΣΑΙΜΗΚΕΤΙΕΣΔΙΑΛΟΠΣΜΟΝΑΓΕΣΘΑΙΘΑΝΔΕΚΑΙΔΥΟΕ
ΠΑ∘ΧΟΙΤΟΑΥΤΟΠΕΦΡΟΝΗΚΟΤΕΣ^ωΣΙΚΛΙΚΝΚΟΛΑΣΤΕΟΣΕΣΤΙΝΟΕΓΛΟΓΙ
ΣΤΗΣΟΤΑΑΥΤΑΕΙΣΛΙΑΛΟΓΙΣΜΟΝ̇

37 ΑΟΝΚΙΜΗΔΕΝΑΛΛΟΠΟΙ^ωΝΠΛΗΝΡΓΥΡΙΣΜΟΥΠΡΟΦΑΛΙΝΚΑΤΑΛΕΙΠ^ωΝΕΑΥ
Τ^ωΙΚΑΙΤΟΙΣΑΛΛΟΙΣΠΡΑΓΜΑΤΙΚΟΙΣΠΟΛΛΟΓΟΥΝΗΞΙ^ωΣΑΝΕΚΣΤΗΝΑΙΜΑΛ
ΛΟΝΤ^ωΝΙΔΙ^ωΝΚΤΗΜΑΤ^ωΝ^ωΣΙ

38 ΠΛΕΙ∘ΝΤΗΣΤΙΜΗΣΑΥΤ^ωΝΑΝΗΛ^ωΚΟΤΕΣΛΙΑΤΟΚΑΘΕΚΑΣΤΟΝΔΙΑΛΟΓΙΣΜΟ
ΝΤΑΑΥΤΑΠΡΑΓΜΑΤΑΕΙΣΚΡΙΣΙΝΑΣΕΓΘΑΙΤΟΔΑΥΤΟΚΑΙΠΕΡΙΤ^ωΝΕΝΙΔΙ^ωΙΑ
ΟΣ^ωΙΠΡΑΓΜΑΤ^ωΝΑΓΟΜΕΝ^ωΝΙΣΤΗΜΙ^ωΣ

39 ΤΕΕΙΤΙΚΡΙΘΕΝΑΠΕΛΥΘΗΙΗΙΑΠΟΛΥΘΗΣΕΤΑΙΥΠΟΤΟΥΠΡΟΣΤ^ωΙΙΔΙ^ωΙΛΟΓ^ωΙ
ΤΕΤΑΓΜΕΝΟΥΜΗΚΕΤΙΕΞΕΙΝΑΠΟΥΤ^ωΙΕΙΣΑΓΓΕΛΛΕΙΝΚΑΤΗΓΟΡ^ωΙΜΗΛΕΕΙ
ΣΚΡΙΣΙΝΑΓΕΣΘΑΙΗΙΟΤΟΥΤΟΠΟΙΗΣΑΣΑΠΑΡΑΙΤΗ

40 Τ^ωΣΖΗΜΙ^ωΘΗΣΕΤΑΙΟΥΔΕΝΓΑΡΕΣΤΑΙΠΕΡΑΣΤ^ωΝΣΥΚΟΦΑΝΤΗΜΑΤ^ωΝΕΑΝΤΑ
ΑΠΟΝΕΛΥΜΕΝΑΑΓΗΤΑΙΕ^ωΣΤΙΣΑΥΤΑΚΑΤΑΚΡΙΝΗΙΗΔΗΙΔΕΤΗΣΠΟΛΕ^ωΣΣ
ΧΕΔΟΝΑΟΙΚΗΤΟΥΓΕΝΟΜΕΝΗΣΔΙΑΤΟ

41 ΠΛΗΘΟΣΤ^ωΝΣΥΚΟΦΑΝΤ^ωΝΚΑΙΠΑΣΗΣΟΙΚΙΑΣΣΥΝΤΑΡΑΣΣΟΜΕΝΗΣ ΑΝΛΓΚ
ΑΙ̇^ωΣΚΕΛΕΥ^ωΙΕΑΝΜΕΝΤΙΣΤ^ωΝΕΝΙΔΙ^ωΙΔΟΓ^ωΙΚΑΗΓΟΡ^ωΝ^ωΣΕΤΕΡΙ^ωΣΥΝΗΓ
ΟΡ^ωΝΕΙΣΑΓΗΙΥΠΟΘΕΣΙΝΠΑΡΙΣΤΑΣΘΑΙΥΠ

42 ΑΥ̇ΤΟΥΓΟΝΠΡΟΣΑΓΓΕΙΔΑΝΤΑΙΝΑΜΗΔΕΕΚΕΙΝΟΣΑΚΙΙΙΔΥΝΟΣΙΠΕΑΝΛΕΙΛΙ^ω
ΙΟΝΟΜΑΤΙΚΑΤΕΝΕΓΚ^ωΝΤΡΕΙΣΥΠΟΘΕΣΕΙΣΜΗΙΑΠΟΔΕΙΞΗΙΜΗΚΕΤΙΕΞΕΙΝ
ΑΙΑΥΤ^ωΙΚΑΤΗΓΟΡΕΙΝΑΛΛΑΤΟΗΜΙΣΥΑΥΤΟΥ

43 ΤΗΕΟΥΣΙΑΣΑΝΑΛΑΜΒΑΝΕΣΘΑΙΑΔΙΚ^ωΤΑΤΟΝΙΔ̇ΑΡΕΣΤΙΝΠΟΛΛΟΙΣΕΠΑΓΟΝΤ
ΑΚΙΝΔΥΝΟΥΣΥΠΕΡΟΥΣΙ^ωΝΚΑΙΤΗΣΕΠΓΙΜΙΑΣΑΥΤΟΝΔΙΑΠΑΝΤΟΣΑΝΕΥΘΥ
ΝΟΝΕΙΝΑΙ ΚΑΙΚΑΘΟΛΟΥΔΕ *(lacune)*

44 ∙∙∙ΝΕΥΓΟΜΑΙΤΟΝΓ̇Ν^ωΜΟΝΑΤΟΥΥΙΟΥΛΑΘ̇Σ̇ΟΥΑΙΤΑΚΑΙΝΟΠΘΙΗΘ
ΕΔ̇ΤΑΠΑΡΑΔΑΤΓΤ^ωΝΣΕΒΑ̇ΓΤ̇^ωΝΧΑΡΙΤΑΣΕΝΟΡΟ̇^ωΣΑΠ̇Ε̇ΝΟΣΙΠΡΟΙ
Ρ̇Α̇Ψ̇^ω∙∙Ι *(lacune)*

45 ΕΛΕΣΧΟΝΤΑΕΣΥΚΟΦΑΝΤΑΣ^ωΕΕΔΕΙΕΤΙΜ^ωΡΗΣΑΜΗΝΟΥΚΑΓΝΟ^ωΙΔΟΤΙΠΟΛ
ΛΗΝΠΡΟΝΟΙΑΝΠΟΙΕΙΣΘΕΚΑΙΤΟΥΤΗΝΑΙΓΥΠΤΟΧ̇ΕΝΕΥΣΤΑΘΕΙΑ∙∙Ι̇/ΙΜ̇
∙∙∙∙∙∙ΕΞΗΣ *(lacune)*

46 ΧΟΡΗΓΙΑΣΕΧΕΤΕΟΣΑΟΙΟΝΤΣΗΝΕΠΗΝ^ωΡ∘^ωΣΑΜΗΝΕΝΕΤΥΧΟΝΓΑΡΜΟΙΠΟ
ΛΛΑΚΙΣΟΙΚΑΘΟΛΗΤΗΝΧ^ωΡΑΝΕΓΓ̇^ωΡΙΟΥΝΤΕΣΚΑΙΕΔΗΛ^ωΣΑΝΟΤΙΠΟΔΔΑ
ΚΑΙΝ^ωΣ̇ΚΑΤΕΚΡΙΘΗΣ *(lacune)*

47 Ι̇ΗΔΔΑΤΕΛΕΣΜΑΤΑΣΙΤΙΚΑΚΑΙΑΡΓΥΡΙΚΑΚΑΙΟΥΚΕΞΟΝΤΟΙΣΒΟΥΛΟΜΕΝΟΙΣ

ΕΥΧΕΡ^ωΣΚΑΘΟΛΙΚΟΝΤΙΚΑΙΝΙΖΕΙΝΤΑΥΤΑΔΕΚΑΙΤΑΤΟΙΑΥΤΔΚΑΤΑΚΡ9ΜΑ

ΤΛΟΥΚΕΠΙΤΗΝΘΗΒΑΙΔΑΜΟΝΙ *(lacune)*

48 ΔΕΕΜΙΤΟΥΣΠ^ωΡΡ^ωΙΝΟΜΟΥΕΤΗΕΚΑΤ^ωΙΧ^ωΡΑΣΑΛΛΑΚΑΙΤΑΠΡΟΑΣΤΙΑΤΗΟΣ

ΠΟΔΕ^ωΣΕΦΘΑΣΕΝΤΗΝΤΕΑΛΕΞΑΝΔΡΕ^ωΝΚΑΔΟΥΜΕΝΗΝΧ^ωΡΑΝΚΑΠΟΝΜ

ΑΡΕ^ωΤΗΝ *(lacune)*

49 ΙΣΙΑΤΝΟΜΟΝΣΤΡΑΤΗΓΟΙΣΙΝΑΕΙΤΙΝΑΚΑΙΝ^ωΣΤΗΙΕΓΓΙΣΤΑΠΕΝΤΑΕΤΙΑΤΑ

ΜΗΙΠΡΟΤΕΡΟΝΤΕΛΟΥΜΕΝΑΚΑΘΟΛΙΚ^ωΕΗΙΠΛΗΘΙΚ^ωΣΝΟΜ^ωΝΝΙΤΟΠΑ *(lacune)*

50 ΣΚΡΙΟΗΙΤΑΥΤΛΕΙΣΤΗΝΠΡΟΤΕΡΑΝΤΑΞΙΝΑΠΟΚΑΤΑΣΤΗΣ^ωΣΙΝΠΑΡΕΝΤΕΣ

ΑΥΤ^ωΝΤΗΝΑΠΑΙΤΗΣΙΝΑΚΑΙΕΠΙΤΟΝΔΙΑΔΟΓΙΣΜΟΝΑΧΘΕΝΤΑΕΚΤ^ωΝ *(lacune)*

51 Σ—^ωΑΣΑΕΤΙΚΑΠΡΟΣΕΡΟΝΚΑΙΤΗΝΑΜΕΤΡΟΝΕΞΟΥΣΙΑΝΤ^ωΝΕΣΔΟΓΙΣ Τ^ωΝ

ΔΙΑΤΟΠΑΝΤΑΣΑΥΤ^ωΝΚΑΤΑΒΟΑΝΕΠΙΤ^ωΙΠΑΓΑΓΡΑΦΕΙΝΑΥΤΟΥΣΠΑΕΙΣ

ΤΑΕΚΠ *(lacune)*

52 ···ΝΕΑΟΥΣΥΝΕΒΑΙΝΕΝΑΥΤΟΥΟΣΜΕΝΑΡΓΥΡΙΖΕΣΘΑΙΤΗΝΔΕΑΙΓΥΠΤΟΝΑ

ΝΑΣΤΑΤΟΝΓΕΙΝΕΣΘΑΙΚΑΙΝΥΝΤΟΙΣΑΥΤΟΙΣΠΑΡΑΓΓΕΛΛ^ωΙΜΗΔΕΝΕΞΟΜ

ΟΤ^ωΜΔ *(lacune)*

53 Ι Π^ωΦΣΙΝΑ·ΛΑΧΤΙΨΑΛΛΟΤΙΤ^ωΙΚΑΘΟΛΟΥΧ^ωΡΙΣΤΟΥΚΡΕΙΝΑΙΤΟΠΕΙΑΡΧΟΝ

ΚΕΛΕΥ^ωΔΕΚΑΙΤΟΙΣΣΤΡΑΤΗΓΟΙΣΜΗΔΕΝΠΑΡΑΕΓΛΟΠΣΤ^ωΝΜΕΤΑΛΑΜΒΑ

ΝΕΙΝΧ^ωΡΙΣΥι *(lacune)*

54 ΙΛΣΕΠΑΡΧΟΥΚΑΙΟΙΑΛΛΟΙΔΕΠΡΑΡΜΑΤΙΚΟΠΕΑΝΤΙΕΥΡΕΟ^ωΣΙΨΕΥΛΕΣΗΙΠΑ

ΡΑΤΟΔΕΟΝΠΑΡΑΓΕΣΡΑΦΟΤΕΣΚ·ΑΙΤΟΙΣΙΔΙ^ωΤΑΙΣΑΠΟΝ^{ρω}ΣΟΥΣΙΝΟΙΟΝ

ΑΠΗΤΗΘΗΣΑΙΙΚΑΠΟΙ *(lacune)*

55 Υ···ΙΓΟΥΕΙΣΙΣ ΤΘΔΗΜΟΣΙΟΝ· ΤΗΓΛΑΥΤΗΣΚΑΚΟΤΕΧΝΙΑΣΕΓΤ

ΙΝΚΙΗΙΛΕΓΟΜΕΝΗΚΑΤΑΣΥΝΟΨΙΝΑΠΑΙΤΗΣΙΕΟΥΠΡΟΣΤΗΝΟ ΥΣ

ΑΝΔΝΑΒΔ⁄ *(lacune)*

56 ···Ι ΛΛΟΠΙΟΣΣΥΝΚΡΙΣΙΝΑΡΧΑΙΑΣΕΤΕΡ^ωΝΤΙΝ^ωΝΑΝΑΒΑΣΕΙ·······ΤΗΣ

ΑΛΗΘΕΙΑΣΑΥΤΗΣΟΥΔΕΝΔΟΚΕΙΔΙΚΑΙΟΤΕ··ΡΟΝΕΙΝΑΙΘΑΡ *(lacune)*

57 ·····Ι···ΙΚΙΛΙΚΑΙΠΡΟΘΥΜ^ωΣΓΕ^ωΡΓΕΙΝΤΟΤΓΑΝΟΡ^ωΟΥΟ········ΣΟΤΙ

ΠΡΟΣΤΘΑΛΛΗΟΕΣΤΗΣΟΥΣΗΣΑΝΑΒΑΣΕ^ωΣΚΑΙΤΗΣΒΕΒΡ·ΓΛ *(lacune)*

58 ·····Ι ⁄ΥΠΙΟΣΣΥΚΟΦΑΝΤΙΑΝΤ^ωΝΚΑΤΑΣΥΝΟΨΙΝΠΑΙΑΓΡΑΦΟΝ ̇Ν^ωΝΗΙ

ΑΠΑΙΤΗΣΙΣΕΣΤΑΙΕΑΝΔΕΤΙΣΕΖΕΛΕΓΧΟΗΙΨΕΥΣΑΜΟ *(lacune)*

59 ····ΝΙΟΝΤΡΙΠΛΑΣΙΟΝΑΠΟΔ^ωΣΕΙ ⁄ΘΣΟΙΜΕΝΓΑΡΕΦΟΒΗΘΗΣΑΝΑ·ΘΥΣΑ

ΝΤΕΣΠΕΡΙΑΝΑΜΕΤΡΗΣΕ^ωΣΤΗΣΕΝΤΗΛ·Ο·ΞΑΝΔΡΕ^ωᴎ··· *(lacune)*

60 ···Ιω̇ΙΑ·Ε ̇ΝΣΛΑΙΤΗΙΑΡΧΑΙΑΣΓΙΣ·ΣΗΝΟΥΔΕΠΟΤΕΣΧΟΙΝΙΟΝΚΑ·ΙΙΝΕΧΟ

ΗΙΜΗΙΜΑΤΗΝΕΥΝΟΚΕΙΣΘ^ωΣΑΝΟΥΤΕ···Ι·ΤΟΛΜΗΣΕ··· *(lacune)*

61 ·····Α̇ΙΤΗΝΑΝΑ·ΕΤΡΗΣΙΝΟΥΤΕΣ···ΙΗΣΕΤΑΙΜΕΝΕΙΝΓΑΡΟΦΙΛΕΙΤ·ΕΞΑΙ^ωΝ

ΟΣΑΥΤΗΣΔΙΚ ̇·····ΞΟ̇ΔΑΥΤΟΙΣΤΗΜΡ·ΙΡΙΤ^ωΝΤΟ··· *(lacune)*

62 ····ωΝΠΡΟϹΓΕΝΗΜΑΤωΝΟϹΤΕ····ΔΕΝΕΠΑΥΤωΝΚΑΙΝΙΖΕϹΟΑΠϹΡΙΔΕΤωΝ
ΑΡΧΑΙΟΤϹΑ····Ϲ·ΟϹϹΕωΝϹΝΚΕΙ····ΝΥΜωΝΑΙϹΙΙ···· *(lacune)*

63 ····ϹΟΝΗΛΑΤΕΑΙΠΟΛΛΑΚΙΕω····ΠΛΕΟΝΠΕΡΙΕ····ΙΗϹΑΝΠΛΗΝΑΡΓΥΡΙϹ
ΜΟΥΤωΝΠΡΑΓΝ····ω·ΝΑΙΤΗϹΤω····Πω̅ΝΕΠΙΙ Η̅ *(lacune)*

64 ····ΡΙ··ΝϹΤωΛ̣ ΙΘΚΡΑΤΟΦΙΓΓΑΨ····ΙΕΤΑΤωΝΑΛΛω··ΕΛΑΥΤωΙΔΗΛωΙΤωΙ
ΜΟΝωΙΔΥΝΑΜ····ΙΤΑΤΟΙΑΥΤΑΟΛ···ωϹ·ΚΚΟΠΤ····· *(lacune)*

65 ···ΑΕΤΓωΙΙΑΝΤωΝΙ·ΙωΙϹωΤΗΦΙΑϹΗΙΑ·ΝΕΚΗϹ···ΕΓΕϹΙΛΙΑΙΠΡΟΝΟΙΑ···
ΓϹΠΙωΤΟ····ΙΧΥΛΕΙΒΟΥ *(lacune)*

66 ΒΑΙΝΑΚΑΡΟΓϹΓΟΑΓ⁻ΥΔΥΤΚΡΑΤΟΡΟϹ···Γ̅ϹΦ ι̅Β̅·

XXII.

Inscription gravée sur la porte du Temple de Qasr A'yn Zaydn,
Copiée par M. le chevalier Drovetti, Consul général de France en Égypte, et
communiquée par lui à l'Éditeur.

ΑΓΑ····ΧΗ.

ΑΜΘΝΗΒΙΘΘωΙΝΙΕΠϹΤΤωΙΤΧΟΝΕΜΥΡΕωϹΚΑΙΤΟΙϹ

ϹΥΝΝΑΟΙϹΘΕΟΙΟΥΠΕΡΤΗϹΕΙϹΑΙωΝΑΔΙΑΜΟΝΗϹΑΝΤωΝΕΙΝΟΥ

ΚΑΙϹΑΡΟϹΤΟΥΚΥΡΙΟΥΚΑΙΤΟΙϹΥΝΠΑΝΤΟϹΑΠΟΥΟΙΚΟΥΟϹΗΚΟϹΤΟΥΕΡΟ

ΥΚΑΙΤΟ

ΠΡΟΝΝΑΟΝΕΚΚΑΙΝΗϹΚΑΤΕϹΚΕΥΝϹΘΗΠΙΑΟΥΙΔΙΟΥΙΝΝΟΔωΡΟΥΕΠΑΡΧΟ

ΥΝΓΟΠΟΥ

ϹΕΠΤΙΜΙΟΥΜΑΚΡωΝΟϹΕΠΙϹΤΡΑΤΗΓΟΥϹΤΡΑΤΗΓΟΥΝΤΟϹΠΑΙΜΟΥΚΑΙΠΙ

:ωΝΟϹ

ϹΤΟΥϹΙΡΙΤΟΥΑΥΤΟΚΡΑΤΟΡΟϹΚΑΙϹΑΡΟϹΤΙΤΟΥΑΙΝΟΥΑΔΡΙΑΝΟΥΑΝΤω

ΝΕΙΝΟΥ.

ϹΕΒΑϹΤΟΥϹΥϹΕΒΟΥϹΜΕϹΟΡΗΟΚΡωΚΑΙΔΕΚΑΤΗ.

VOYAGE

A L'OASIS DE THÈBES

Imprimerie de L. Toinon et Cie, à Saint-Germain.

VOYAGE

A L'OASIS DE THÈBES

ET DANS LES DÉSERTS

SITUÉS A L'ORIENT ET A L'OCCIDENT DE LA THÉBAÏDE

Par M. Frédéric CAILLIAUD (de Nantes),

PUBLIÉ

Par M. JOMARD, Membre de l'Institut de France, Conservateur des Cartes et Collections géographiques à la Bibliothèque impériale, Correspondant des Académies royales des sciences de Berlin, de Turin et de Naples, Président honoraire de la Société de géographie de Paris, Correspondant des Sociétés de géographie de Londres, Berlin, Saint-Pétersbourg, Francfort, Darmstadt, États-Unis, Genève, etc., etc.

CONTENANT

LES ANTIQUITÉS

RECUEILLIES DANS LE VOYAGE ET LEUR DESCRIPTION

———

DEUXIÈME PARTIE

———

PARIS
1862

AVANT-PROPOS

Après un long laps de temps écoulé, paraît enfin la dernière livraison du *Voyage à l'Oasis de Thèbes*, par M. Frédéric Cailliaud, le dévoué voyageur, à qui l'on doit la première exploration de Méroé, ainsi que d'autres découvertes d'un non moins grand intérêt.

Le public excusera, peut-être, ce retard involontaire de l'éditeur, s'il veut bien considérer un instant les travaux assez nombreux auxquels cet éditeur a dû se livrer pour satisfaire à d'autres obligations impérieuses, parmi lesquelles il ne citera que les devoirs qui lui étaient imposés par la création récente de la Société de Géographie, par l'achèvement de la Description de l'Égypte (ouvrage ordonné par l'Empereur Napoléon Ier)[1], plus tard, par la formation de la *Collection géographique* à la grande Bibliothèque de Paris, enfin par la direction de la Mission égyptienne en France, tous travaux accomplis successivement, juste après le moment où paraissait la première livraison du présent ouvrage ; sans parler des difficultés d'une autre nature, attachées à la publication du *Voyage*.

Il avait dû d'abord faire jouir le public, sans aucun retard, des découvertes géographiques et archéologiques

---

[1] L'éditeur du *Voyage à l'Oasis* était le commissaire chargé, par le Gouvernement impérial, de la direction des travaux de publication.

du zélé voyageur en Éthiopie, dans les déserts de la Thébaïde et à l'Oasis de Jupiter Ammon ; il s'est empressé d'acquitter ce devoir: il n'y avait pas autant d'urgence pour des pièces détachées d'archéologie et des fragments isolés, curieux sans doute, mais qui ne présentaient pas le même degré d'intérêt ou d'urgence que des découvertes géographiques, lesquelles doivent paraître au grand jour, sans le moindre délai, sous peine de voir l'auteur et son pays privés de l'honneur de les avoir faites ou encouragées. Malgré cette différence, il n'y avait pas moins, pour moi, une stricte obligation de remplir l'engagement que j'avais contracté ! C'est ce que je fais aujourd'hui, en invoquant l'indulgence du lecteur.

La première livraison de l'ouvrage renfermait :

1° Le voyage à l'orient de la Thébaïde et comprend la carte du désert situé entre le Nil et la mer Rouge, le mont Zabarah, le voyage à la fameuse mine d'émeraudes, aujourd'hui complétement épuisée, les restes d'une ville antique inconnue, située dans le voisinage ; plusieurs temples dans cette partie du désert, une série d'inscriptions recueillies à l'orient d'Elethya, de Syout, de Philæ, de la basse Nubie, avec les dessins de plusieurs minéraux intéressants recueillis par le voyageur.

2° Le voyage à l'occident de la Thébaïde, comprenant la carte du désert où se trouve El-Ouah-el-Kebir, ou *la Grande-Oasis*, à soixante lieues de Thèbes, le temple gréco-romain, un grand temple égyptien à El-Khargéh, les tombes romaines, enfin une collection d'inscriptions grecques au nombre de onze, dont une à soixante-six lignes.

La *seconde livraison*, que nous publions aujourd'hui, se compose, ainsi qu'on l'a annoncé lors de la première, d'un choix d'objets d'antiquité, puisés dans la collection que l'intelligent explorateur a rapportée de l'Égypte, et cédée à la Bibliothèque impériale de Paris : je ne parlerai ici que de ceux qui figurent dans la deuxième livraison de l'ouvrage. En appendice, je donnerai une indication des autres objets acquis par la Bibliothèque[1].

Parmi ceux qui sont représentés dans la présente livraison, on remarque surtout plusieurs caisses de momies en bois de sycomore très-richement dorées ou peintes, décorées de nombreux sujets et figures hiéroglyphiques et d'ornements égyptiens de toute sorte, avec quantité d'objets qui se rapportent aux funérailles et à l'embaumement. On sait quel soin religieux et même quel luxe les Égyptiens ont déployé dans le culte des morts[2]; aussi les objets curieux conservés dans les hypogées ont attiré l'attention de M. Cailliaud comme celle de tous les voyageurs. Il les a recueillis avec un zèle et une intelligence dignes d'éloges : citons seulement ici cinq papyrus

[1] Quant à d'autres points qui ont été indiqués autrefois, ils ont été éclaircis depuis la première livraison dans diverses publications, qui rendent superflues ou inopportunes de nouvelles recherches sur ces divers sujets. Par exemple, j'avais annoncé un catalogue de la magnifique collection du chevalier Drovetti, achetée depuis par le Musée de Turin (bien que proposée à la France, et malgré les efforts et les démarches des amis de l'antiquité égyptienne); elle a été l'objet de plusieurs descriptions bien connues, notamment celle de M. Occurti, *Turin*, 1852 et 1855, 2 vol.

[2] Pour les hypogées, voyez dans la *Description de l'Égypte*, antiquités, t. I, chap. IX, page 305.

couverts de signes hiératiques et de tableaux divers, des manuscrits coptes, une tête de momie d'homme à la face dorée, des oreillers de momie, un de ces étuis en bitume servant à conserver les rouleaux de papyrus, des tresses de cheveux, des bouquets de fleurs, des plantes, des fleurs et des fruits, entre autres des graines de *palma-christi* et des grains de froment qu'il a été possible de semer de nos jours; puis, des œufs et des fragments de pain, conservés dans de petites boîtes en bois d'acacia et en carton, objets qui nous révèlent certains usages relatifs aux funérailles.

On conservait aussi dans les hypogées de petits meubles qui avaient appartenu aux défunts, des épingles de cheveux et même des sandales, diverses sortes de chaussures d'hommes, d'enfants et de femmes.

On remarque, dans la collection, un certain nombre de bagues, d'anneaux, boutons, agrafes, grand nombre d'amulettes, un vase grec dit étrusque, trouvé dans les bains de Cléopâtre, de curieux instruments, tels que clef, pince, fuseau à filer, lampes, aiguille à passer en ivoire, couteau, spatule, pièce en forme d'équerre, des ouvrages en sparterie, des paniers d'un travail très-fin et délicat en feuilles de palmier-doum, toute sorte d'objets en bois peint, en or, en plomb, en bronze, en fer, en terre cuite, en faïence, en carton, en cire, en cuir-maroquin, en verre peint et doré, en stéatite, en serpentine.

On remarque encore, dans les objets figurés, un masque de femme en plâtre avec des yeux d'émail, et la figure symbolique bien connue qui se compose d'un épervier à tête humaine.

Ajoutons (ce qui n'est pas le moins curieux), parmi les figures d'animaux, de poissons, de crocodiles, d'insectes, etc., celle d'un chameau chargé. On sait que le chameau ne se trouve point dans les hiéroglyphes ni dans les tableaux peints ou sculptés. Le chameau est venu de l'Asie en Afrique, on ignore en quel temps précis cela a eu lieu. Depuis 1825, époque du voyage des explorateurs anglais Dr Oudney, Denham et Clapperton, en Afrique septentrionale, on a connu des édifices romains où sont figurés des chameaux, employés à l'agriculture, à la différence de la girafe que j'ai vue figurée au temple égyptien d'Hermontis[1].

C'est encore un *cylindre*, couvert d'hiéroglyphes, qui rappelle les cylindres persépolitains, des moules servant à mouler des figurines-amulettes, des cônes en terre cuite, couverts à la base d'inscriptions hiéroglyphiques.

Parmi les ouvrages en verre, je dois surtout citer une espèce de tunique artistement composée de petits tubes en verre de diverses couleurs, représentant, à la manière des mosaïques, des figures et des caractères hiéroglyphiques, objet d'art qui suppose une industrie très-avancée.

Beaucoup d'autres objets encore sont cités dans le travail suivant.

[1] Elle est figurée et décrite dans la *Description de l'Égypte*, Antiquités, vol. I.

PLANCHE XXV.

Fragments de pierre calcaire couverts d'écriture, trouvés dans les hypogées de Gournah à Thèbes.

Ces fragments de pierres écrites sont dessinés à leur grandeur. On trouve assez fréquemment de ces éclats de pierre sur lesquels on a tracé des inscriptions en caractères égyptiens cursifs écrits peu régulièrement, d'autres en caractères grecs. Les signes imprimés ici en lettres pâles sont en rouge dans l'original.

Quelle était la destination de ces inscriptions? Étaient-elles votives? Avaient-elles un sens purement religieux? Enfin cet usage était-il particulier et relatif à tel ou tel individu? C'est ce que fera découvrir la lecture de ces lignes. On y peut remarquer des chiffres hiératiques. La pierre est la roche calcaire conchoïde, semblable à celle des tombeaux des rois, dans le coteau de Gournah.

PLANCHE XXVI.

Manuscrit sur papyrus, trouvé à Thèbes.

Les trois fragments représentés sur cette planche appartiennent à un même papyrus. Ils sont écrits en caractères démotiques cursifs. — Les lettres pâles sont en rouge sur l'original.

Le manuscrit a 0^m,22 de hauteur sur 0^m,84 de large; on a retranché ici la partie non écrite.

Les figures 1 et 1 *bis* se rejoignent au point A;
La partie fig. 2 est écrite au dos du papyrus.

PLANCHES XXVII ET XXVIII.

Second manuscrit sur papyrus, trouvé à Thèbes.

Deuxième manuscrit en caractères démotiques. Ces deux planches forment un seul papyrus large de 1^m,53, comprenant cinq et six lignes d'écriture : la planche XXVII occupe la droite, et la planche XXVIII la gauche du manuscrit.

Dans chacune des planches, le fragment 1 *bis* se rejoint à la figure 1 au point A. Dans chacune aussi, la figure 2 est écrite derrière le papyrus. Il est à remarquer que c'est *le même texte*, en huit lignes, presque identiquement, sauf des variantes qui tiennent à la différence du *calame* et à celle de l'écrivain.

PLANCHE XXIX.

Troisième manuscrit sur papyrus, trouvé à Thèbes. — Autres fragments d'un quatrième manuscrit, du même endroit.

1° Le troisième manuscrit, 1ʳᵉ et 2ᵉ parties, se compose d'un tableau représentant une offrande faite à Osiris, accompagné de colonnes d'hiéroglyphes;

2° D'un texte hiératique en onze lignes : il a été gravé de la même grandeur; le tableau fig. 3 et le tableau fig. 2, autres offrandes, sont aux deux tiers de l'original.

Fig. 4, 5, 6. Trois fragments en écriture démotique.

Le papyrus est d'une couleur très-foncée, provenant de la trop grande chaleur du bitume qui a servi à envelopper le rouleau de papyrus. (Hauteur 0ᵐ,49, largeur 0ᵐ,22.)

PLANCHE XXX.

Quatrième et cinquième manuscrits sur papyrus, trouvés à Thèbes.

Fig. 1.   Quatrième manuscrit sur papyrus. Scène de labourage et d'ensemencement; on remarque que la charrue diffère de la forme ordinairement donnée à cet instrument par les artistes égyptiens.

Fig. 4.   Paniers pour contenir les épis de blé.

Fig. 2, 3, 5.   Figures d'animaux, entre autres un vautour, une tête de chacal, une figure à tête de licorne.

Fig. 6, 7, 8.   Cinquième papyrus. Deux scènes d'offrandes à Osiris, accompagnées d'un fragment de vingt-trois lignes d'écriture hiéroglyphique.

Fig. 9.　Un papyrus dans son étui en bitume. L'usage était de conserver de cette manière les rouleaux de papyrus que l'on enveloppait préalablement d'une toile fine.

PLANCHES XXXI ET XXXII.

Manuscrit copte également sur papyrus.

Deux fragments de manuscrits coptes, sur papyrus, en dialecte thébain, chacun de deux colonnes de trente-quatre à trente-cinq lignes d'écriture.

PLANCHE XXXIII.

Coffre de momie en bois peint, avec une tête de momie.

Fig. 1, 2, 3.　Caisse de momie couverte d'inscriptions et de colonnes d'hiéroglyphes, ornée avec une grande richesse. Un serpent, de toute la longueur de la caisse, en orne le côté. La gravure est à l'échelle du sixième.

Fig. 4 et 5.　Deux détails hiéroglyphiques de la caisse. Le dessin est à l'échelle d'un quart.

Fig. 6.　Tête de momie d'homme à face dorée. On remarque que la barbe et les cheveux sont frisés; toutefois, le caractère de l'antique physionomie égyptienne se retrouve exactement dans cette tête.

PLANCHE XXXIV.

Coffre de momie en bois peint.

Caisse de momie revêtue de belles peintures, d'une parfaite conservation. On remarque, dans l'intérieur, une figure ailée et des signes hiéroglyphiques. Les hiéroglyphes sont d'un dessin précieux et très-bien conservés, les couleurs vives et de la plus grande fraîcheur; le tout est couvert d'un vernis brillant.

c

Fig. 1.   Dessus de la caisse momie de femme décoré des plus riches ornements et d'une multitude d'insignes, d'emblèmes, de décorations hiéroglyphiques, coloriées avec une sorte de magnificence, ce qui porte à croire que le coffre a servi à une personne de haut rang. Les deux mains figurées au dehors de la caisse sont ornées de bagues à tous les doigts.

Fig. 2, 3.   Les côtés de la caisse.

Fig. 5.   Portion du dessus de la caisse, à la partie de l'épaule.

Fig. 6.   Dessous de la caisse à la partie des pieds.

Tout le dessin est à l'échelle du cinquième.

PLANCHE XXXV.

Objets trouvés dans les hypogées.

Fig. 1 et 2.   Fragments d'une statuette en pierre calcaire à grain fin, avec le costume d'habitant de la campagne.

Fig. 3 et 4.   Une statuette en bois jaune clair, peinte en noir. La sculpture est d'un travail très-fin. Légende hiéroglyphique sur la partie postérieure.

Fig. 5.   Un épervier à tête humaine, face dorée (le dieu Phra), en bois peint de diverses couleurs, rouge, vert, jaune, noir. Les yeux sont dorés, aux deux tiers.

Fig. 6.   Une série d'uræus en bois, formant une sorte de corniche, coiffés du disque et coloriés. Demi-grandeur.

Fig. 7.   Un petit cône, cachet en quartz hyalin, avec inscriptions hiéroglyphiques, de forme oblongue. Même grandeur.

Fig. 8.   Un amulette en pâte bleue, représentant un lièvre et un chacal dos à dos. Même grandeur.

Fig. 9.   Une bague en pâte bleue avec un médaillon (cartouche). Trouvé à Thèbes.

Fig. 10.   Un amulette en pâte verte, représentant un bélier. Même grandeur.

Fig. 11.   Un œil en pâte bleue, avec la prunelle en noir. Même grandeur.

Fig. 12.   Un amulette en pâte bleue, forme de lune, portant trois trous pour servir à l'attacher. Demi-grandeur.

Fig. 13.   Un amulette en pâte rouge, représentant un poisson du Nil. Même grandeur.

Fig. 14.	Un amulette en pâte grise, représentant une tête d'homme coiffée de cornes et de la tour. Un uræus est de chaque côté de la barbe. Cette figure est encadrée par une série d'anneaux et un cordonnet.

Fig. 15.	Une tête de typhon d'un beau travail, en faïence.

Fig. 16.	Un amulette-cachet, en schiste verdâtre (ou pierre ollaire), portant un nom ou une inscription en hiéroglyphes.

Fig. 17.	Face opposée du même, montrant un chacal et une figure humaine couchée.

Fig. 18.	Un amulette de forme carrée, en pierre stéatite, avec plusieurs figures hiéroglyphiques.

Fig. 19.	Face opposée du même, montrant deux personnages.

Fig. 20.	Un amulette représentant un scarabée en pierre stéatite jaunâtre. Même grandeur.

Fig. 21.	Face opposée du même, représentant une sorte de lutte, en figures de quatre singes montant au haut d'un palmier. Ce sujet se voit sous une autre forme, à Denderah.

Fig. 22.	Un amulette en pâte verte, représentant Isis tenant des tiges de lotus. Même grandeur.

Fig. 23 à 32.	Dix amulettes divers, parmi lesquels se trouvent deux uræus en pâte bleue ou verte, trois scarabées, fig. 17, en pierre calcaire, représentant la scène du pylône d'Edfou, un prêtre prêt à frapper un captif à genoux, qu'il tient par les cheveux.

PLANCHE XXXVI.

Statuettes et amulettes en terre émaillée, et pâtes de diverses couleurs.

Fig. 1.	Le dieu Knouphis en terre émaillée verte. Même grandeur.

Fig. 2 et 2'.	Une figurine buste en terre émaillée verte et grise, avec une inscription hiéroglyphique sur le dos.

Fig. 3.	Triade : trois figures de femme se tenant par la main. Cette plaque, en terre émaillée, rappelle un remarquable monument en granit rose que j'ai trouvé à Karnak (*Voyez* Description de l'Égypte, t. III, pl. XXXI, fig. 1).

Fig. 4.	Petit godet ou écritoire en terre cuite brune.

Fig. 5.	Godet en terre émaillée bleue, présentant une face humaine.

Fig. 6.   Deux petits éperviers accolés, à tête humaine, coiffés du disque solaire. Terre émaillée verte.

Fig. 7.   Amulette représentant un lion. Terre cuite verdâtre.

Fig. 8.   Amulette représentant un crocodile. Terre émaillée bleue.

Fig. 9.   Amulette représentant une truie. Terre émaillée verte.

Fig. 10 et 10'.   Un cachet figure de lion.

Fig. 11.   Figurine à tête d'épervier. En faïence bleue.

Fig. 12.   Amulette en forme d'olive ou de coquillage, couvert de stries.

Fig. 17 et 17'.   Amulette (forme de tablette) représentation d'un sphinx sur une face et d'un scarabée sur l'autre.

Fig. 13 à 20.   Sept scarabées montrant le dessus et le dessous, avec hiéroglyphes sur le plat. Plusieurs sont en pierre calcaire émaillée; le n° 20 en roche dure dite diorite.

Fig. 21 à 38.   Dix-sept dessous de scarabées portant des hiéroglyphes. On remarque dans le nombre, sur la figure 25, une gazelle avec un lotus; sur la figure 38, un oiseau les ailes déployées, comme on en voit dans les sujets de chasse auprès des filets; sur la figure 35, un poisson d'espèce particulière.

Ces scarabées sont en terre cuite, en stéatite et en pierre calcaire émaillée, de différentes couleurs.

Fig. 34.   Un grand scarabée creux, en terre émaillée, sorte de porcelaine, avec des trous pour servir à l'attacher, ordinairement aux langes, sur l'estomac de la momie.

Fig. 39.   Autre grand scarabée en terre cuite.

Fig. 40.   Petite tablette-amulette, en terre vernissée bleue, portant quatre signes hiéroglyphiques.

Fig. 42.   Un cube en faïence bleue, forme de *dé* historié.

Fig. 43.   Sorte de *dé* de forme polyèdre, en verre noir incrusté de blanc.

Fig. 44.   Sorte de jeton, en verre de couleur lie-de-vin, marqué d'une empreinte en deux triangles superposés.

Fig. 45.   Petit vase en terre cuite verte, sorte de godet ou d'écritoire.

Fig. 46 et 46'.   Amulette en jade, portant des hiéroglyphes d'un côté; de l'autre, la représentation du dieu Anubis.

Fig. 47-47'.   Empreintes en cire d'une médaille, représentant, d'un côté, Sérapis; de l'autre, une sorte de figure de satyre.

Fig. 48.   Carton peint, représentant le dieu Anubis tenant le bâton augural (tête de chacal en noir); la coiffure, les mains et le bâton en vert, le corps en rouge.

PLANCHE XXXVII.

Diverses figures humaines et d'animaux, etc., en terre cuite et en pierres.

Fig. 1.   Terre cuite trouvée à Memphis, représentant une tête de femme, de style gréco-asiatique, richement coiffée, avec la chevelure frisée, etc., etc.

Fig. 2 et 3.   Deux figures de crocodile, en serpentine.

Fig. 4.   Poisson le Bolti, *labrus niloticus* (Hasselquist), le coracin blanc des anciens, *chromis niloticus* (Cuv., Val.)

Fig. 5 à 9.   Quatre cônes en terre cuite, marqués à leur base d'empreintes en hiéroglyphes qui rappellent les briques imprimées que j'ai trouvées dans les hypogées de Thèbes. *(Voyez* Description de l'Égypte, vol. II, pl. XLVIII, fig. 6, 7, 8.)

Fig. 10.   Terre cuite représentant un chameau chargé *(Voyez* plus haut dans l'Avant-propos).

Fig. 11.   Fragment de sculpture détaché d'un hypogée de Thèbes.

Fig. 12.   Tête nubienne en stéatite.

Fig. 13.   Fragment en faïence verte, offrant des tubes accolés les uns aux autres, analogues à un jeu de sifflet.

Fig. 14.   Un moule ayant servi à mouler des amulettes, telles que les deux figures qu'on voit en creux, fig. 15 et 16.

Fig. 17.   Un *cylindre* creux couvert de caractères hiéroglyphiques. On connaît les cylindres persépolitains en diverses matières. Ce rare morceau prouve que les cylindres couverts de caractères étaient aussi en usage chez les Égyptiens; mais il ne suffirait pas à prouver que l'invention appartienne à l'Égypte.

Fig. 18.   Développement de l'inscription tracée sur le cylindre égyptien.

PLANCHE XXXVIII.

Vase en faïence, lampes en terre cuite, etc.

Fig. 1 à 4.   Vase élégant en faïence bleue, de forme plate d'un bidon; l'ouverture est un calice de lotus où sont adossés deux cynocéphales; le vase est encore orné de guirlandes et de deux inscriptions hiéroglyphiques, moitié grandeur.

Fig. 5, 6.   Espèce d'agrafe en faïence bleue.

Fig. 7, 8.   Un bouton en faïence verte (profil et dessous).

Fig. 9.   Partie d'un collier de fleurs en pâte verte, blanche et bleue, gravée à moitié grandeur.

Fig. 10, 11.   Lampe en terre cuite, travail gréco-égyptien, avec une inscription.

Fig. 12.   Lampe en terre cuite, de travail grec, représentant une gazelle et son petit.

Fig. 13, 14.   Lampes de travail grec, avec une inscription.

Fig. 15, 16.   Autre lampe chrétienne, décorée d'une croix et de deux petites têtes de style grec.

Fig. 17, 18.   Autre lampe, ornée de fruits, de fleurs et de figures d'oiseaux.

Fig. 19.   Sorte de couvercle en faïence bleue, rouge, blanche, jaune, verte; cercle divisé en seize rayons, pouvant être une fleur de lotus.

Fig. 20.   Vase grec, à anse, et orné de méandres.

PLANCHE XXXIX.

Stèles en bois et en pierre calcaire.

Fig. 1 à 3.   Trois stèles en bois peint, couvertes d'hiéroglyphes, trouvées à Thèbes.

Fig. 4.   Une stèle en pierre calcaire, avec figures et hiéroglyphes peints et sculptés, trouvée à Gournah. 10 p^{ces} de hauteur.

Fig. 5.   Une stèle hiéroglyphique en pierre calcaire peinte; scène d'adoration représentant deux personnages à genoux, trouvée à Gournah. Environ 9 p^{ces} de haut.

Fig. 6.   Stèle en pierre calcaire; tableau rapporté d'Abydus, représentant une scène domestique. Ce tableau se fait remarquer par la figure d'une femme jouant d'un instrument à vent, de forme très-allongée.

PLANCHE XL.

Objets recueillis dans les hypogées.

Fig. 1 à 3.   Figure de momie d'homme, en bois peint de diverses couleurs, posée sur un socle creusé en forme de boîte, avec son couvercle à coulisse, surmonté d'une figure d'épervier.

Fig. 4 et 5.   Figure d'agathodamon, en bois peint et doré, représentée au tiers.

Fig. 6.   Tête de serpent-agathodamon, surmontée du disque solaire, qui s'ajustait probablement à un corps de serpent.

Fig. 7.   Figure d'anubis, en pâte dorée, servant d'applique sur les momies.

Fig. 8.   Collier de 17 pièces diverses, telles que la figure du nilomètre, le vautour, un serpent, l'œil et autres, en bois doré.

Fig. 9, 10.   Une boîte en bois peint, avec des bandes d'hiéroglyphes tout autour.

PLANCHE XLI.

Objets divers trouvés dans les hypogées.

Fig. 1.   Une plaque de plomb sur laquelle ont été gravées deux uræus, avec le globe ailé.

Fig. 2.   Lame de couteau en bronze, trouvée à Gournah.

Fig. 3.   Une petite spatule en bronze.

Fig. 4 à 9.   Six feuilles d'or grossièrement découpées en forme de momie.

Fig. 10.   Une pièce en bois doré, imitant deux doigts accouplés.

    Nota. — Il y en a une autre en schiste noir; ces doigts sont placés sur l'estomac des momies.. Les objets ci-dessus ont été trouvés à Gournah, dans les hypogées de Thèbes.

Fig. 11 à 14.   Quatre croix, avec anneaux, pouvant se suspendre.

Fig. 15.   Un fer de flèche.

Fig. 16.   Une aiguille à passer.

Fig. 17. Petite pince. Ces trois objets en bronze sont de Gournah.

Fig. 18. Petite bague en fer avec hiéroglyphes.

Fig. 19. Objet en métal, d'usage inconnu.

Fig. 20. Une bague en fer, en dedans de laquelle est une tête grecque casquée.

Fig. 21. Bague en bronze, avec une empreinte de quatre lignes d'hiéroglyphiques. Trouvée à Gournah.

Fig. 22. Une clef en fer, à anneau renversé·

Fig. 23. Un fuseau à filer, encore en usage en Nubie.

Fig. 24. Une épingle ou broche en bois, ornée de festons pour attacher les cheveux. Trouvée à Thèbes. Usage encore observé en Nubie.

Fig. 25. Une boîte en bois avec son couvercle, renfermant le kohl, poudre de plombagine, avec laquelle les Égyptiennes se noircissaient le tour des yeux.

Fig. 26. Petite boîte en bois de la forme du cartouche hiéroglyphique, renfermant deux agates onix.

Fig. 27, 28. Les mêmes agates, à deux couleurs : blanche et noire, figurant des yeux.

PLANCHE XLII.

Objets divers recueillis dans les hypogées de Thèbes.

Fig. 1. Momie de chat, soigneusement embaumée et artistement enveloppée de bandelettes.

Fig. 2, 3. Paniers tressés en feuilles de palmier-doum, coloriés en rouge et en brun. Ces sortes de paniers étaient déposés dans les catacombes avec certains objets qui avaient appartenu aux personnes dont les souvenirs étaient chers : des bijoux, des cheveux, des meubles divers, des fleurs, des guirlandes (Voir ci-après).

Fig. 4 et 16. Restes de guirlandes ou bouquets composés de fleurs d'acacia (mimosa farnesiana); la guirlande est soutenue par des brins de jonc.

Fig. 5 et 7. Guirlandes formées de feuilles, de fruits et de fleurs alternant avec les fruits du physalis somnifera. Le fruit est enfilé par un cordon de jonc.

Fig. 8. Petits fruits ou capsules rondes du physalis somnifera.

Fig. 9.   Fleur du *physalis somnifera.*

Fig. 10.   Feuille de *salix subsinata* (Delile).

Fig. 11.   Guirlande de feuilles sans fleurs.

Fig. 12.   Une feuille de la guirlande fig. 7, déployée (*Lotos,* Delile).

Fig. 13.   Brins de jonc tressés.

Fig. 14-15.   Guirlandes de fleurs, de feuilles et de fruits, composées de centaurée
                 cultivée dans les jardins.

Fig. 17.   Grains de froment ou blé antique, *blé dur,* trouvés dans un vase clos
                 embaumé des tombeaux de Thèbes.

Fig. 18.   Fruit du *mimusops Elengi,* de figure conique (réduit).

                      a. Idem, fruit ouvert.

                      b. Idem, grains du fruit.

                 Nota. — On trouve encore dans les hypogées des grains de palma-christi.

Je dirai maintenant quelques mots sur le blé conservé jusqu'à nos jours, dans les hypogées de Thèbes, blé appelé assez improprement blé de momie. Les premiers échantillons qu'on en ait connus en France m'ont été envoyés par le chevalier Drovetti, consul de France en Égypte, celui à qui l'Europe est très-redevable pour la magnifique collection égyptienne qu'il avait faite et qu'il avait offerte à la France, et non moins pour tout ce qu'il a fait en faveur de la civilisation en Égypte.

Il y aurait lieu de faire toute une dissertation au sujet du *blé* trouvé dans les hypogées, attendu qu'on a admis, quelque temps, qu'il avait conservé sa vertu germinative : il y a encore des personnes qui procurent aux amateurs d'agriculture, du *blé de momie.* Quoi qu'il en soit, il est très-vrai que le blé des hypogées est parfaitement semblable au blé égyptien actuel, qui est le *triticum durum.*

Que le blé soit originaire de la Phénicie ou des environs de l'Égypte ou d'ailleurs, c'est-à-dire qu'il y croisse naturellement à l'état sauvage, c'est ce qu'on n'a pu encore prouver ; il n'y a qu'un point de constaté : c'est la présence de l'épi de blé dans le zodiaque égyptien. Mais ce n'est pas le lieu de s'étendre sur ce sujet intéressant, mais difficile et compliqué [1]. Ce que je crois pouvoir avancer ici avec grande vraisemblance, c'est que la flore d'Égypte, pas plus que la faune, ne parait avoir changé depuis les temps les plus reculés.

On voit par cette planche XLII quel soin religieux prenaient les Égyptiens pour conserver ce qui avait appartenu à leurs parents. Ces guirlandes de fleurs et de feuillage, habilement tressées, déposées près des coffres de momies, étaient sans doute des marques de piété filiale, des souvenirs d'affection.

---

[1] On peut consulter un mémoire de Durau de Lamalle, intitulé : *Recherches sur l'histoire ancienne, l'origine et la patrie des céréales et notamment du blé et de l'orge.* (Annales des sciences naturelles ; septembre 1826.)

PLANCHE XLIII.

Sandales et souliers provenant des hypogées de Thèbes.

Fig. 1.   Sandales en feuilles de palmier, tressées. La pièce qu'on voit sur le haut est destinée à maintenir la semelle sur le pied, parce qu'elle doit passer entre le gros orteil et le doigt contigu.

Fig. 2-3.   Autre sandale en feuilles de palmier tressées, mais qui se distingue par une longue pointe semblable à celle qu'on remarque dans les tableaux égyptiens.

Fig. 4.   Autre sandale plus complète.

Fig. 5-6.   Deux autres sandales analogues aux précédentes.

Fig. 7.   Cette chaussure en cuir, bordée, est d'un bon travail ; il est permis de faire observer, en passant, qu'elle a été *réparée*, et en second lieu que, dans toutes ces chaussures, le pied gauche est distinct du pied droit.

Fig. 8.   Il existait des sandales en cuir, comme en palmier ; celle-ci est en maroquin vert et se fait remarquer aussi par sa forme pointue, mais toujours coupée pour chaque pied.

PLANCHE XLIV.

Empreintes hiéroglyphiques sur maroquin et autres objets des hypogées.

Fig. 1-2.   Sortes d'étoles, étroites, en cuir-maroquin, jaune et rouge, frappées d'une empreinte hiéroglyphique, composée de deux personnages, avec un cartouche. Ces fragments font voir que l'art du maroquinier était très-avancé dans l'ancienne Égypte, des hypogées de Thèbes.

Fig. 3 et 5.   Deux figurines modelées en cire vierge rougeâtre, à tête d'épervier et de nephthys.

Fig. 4.   Un scarabée, avec les ailes déployées, également en cire vierge. Ces objets étaient sans doute encore fabriqués dans des moules, comme les figures de la planche XXXVII, fig. 15-16.

Fig. 6-7.   Un masque de femme en plâtre, de style grec, avec des yeux d'émail. Cet objet est encore remarquable par sa coiffure.

Fig. 8-9.   Portion d'un vase plat, en verre peint; style égyptien.

Fig. 10.   Un autre, verre peint. Ces trois derniers morceaux trouvés dans l'Oasis de Thèbes.

Fig. 11.   Fragment d'un médaillon (cartouche) émaillé, à fond bleu, portant neuf caractères hiéroglyphiques ; cette pièce est l'une des plus curieuses de la collection.

Fig. 12.   Représentation (en amulette) de l'oreiller des anciens Égyptiens, en hématite.

Fig. 13.   Autre oreiller en albâtre, des hypogées de Gournah.

Fig. 14.   Représentation de l'équerre en jaspe noir.

Fig. 15 à 18.   Pièces en verre de monnaies arabes.

PLANCHE XLV.

Filet en tubes de verre, trouvé sur une momie de Thèbes.

Filet tissu en petits tubes, ou perles de verre et d'émail en nombreuses couleurs, ayant servi d'une sorte de tunique à une riche momie de Thèbes ; c'est une espèce de mosaïque, ou, si l'on veut, de tapisserie, donnant une assez haute idée de l'état de l'industrie égyptienne. Les couleurs rouge, bleue, jaune, blanche, noire, verte y sont associées avec un art, une harmonie, d'un effet doux et agréable à l'œil. L'artiste qui a fabriqué ce filet a eu l'art de représenter, avec des perles d'émail, non-seulement le scarabée ailé, mais des caractères hiéroglyphiques très-reconnaissables et même des figures humaines. On peut regarder ce tissu comme un des plus curieux ouvrages d'art, produit de l'ancienne industrie indigène. La conservation de ce filet est parfaite, réduite au quart.

Nota. — On serait peut-être surpris de ne pas trouver mentionnée, dans la liste des antiquités recueillies par M. Frédéric Cailliaud, la pièce qui a fait, dans le temps, une assez grande sensation parmi le monde savant, savoir : une momie grecque, la momie de

Pétéménon, découverte qui a mis sur la voie de plusieurs autres semblables. Jusque-là, on savait très-peu de chose sur l'embaumement des Grecs d'Egypte, sur les rites usités pour leurs funérailles et sur les papyrus grecs, conservés dans leurs cercueils. Depuis qu'on a connu la momie de Pétéménon, les recherches et les découvertes se sont multipliées, de manière à remplir une lacune de l'histoire des Grecs sous les Ptolémées. La momie était renfermée dans une caisse qui présente à l'intérieur un zodiaque semblable à celui de Denderah. A l'extérieur se trouve une inscription grecque indiquant que le corps est celui de,

Pétémenophis, dit Pétéménon, mort à l'âge de 21 ans, 4 mois et 22 jours, le 8 du mois de pagni, l'an XIX de l'empereur Trajan (ce qui répond au 2 juin de l'an 116 de J.-C.).

On trouvera dans le Catalogue qui suit, avec l'indication des principales antiquités cédées à la Bibliothèque impériale par le voyageur, une courte description de la momie de Pétéménon, sous les numéros 492, 274, 275, 482 et suivants; pour les dessins, nous renvoyons à l'ouvrage du voyageur : *Voyage à Méroé et au fleuve Blanc, etc.*, de 1819 à 1822.

APPENDICE.

EXTRAIT DU CATALOGUE DRESSÉ PAR M. F. CAILLIAUD.

Ainsi que nous l'avons annoncé lors de la première livraison, nous donnerons ici, en *Appendice*, le Catalogue sommaire des derniers objets d'antiquité rapportés par M. Cailliaud, tel qu'il l'a dressé, sans revenir sur ceux qui viennent d'être décrits. Plus tard, nous le pensons, il en paraîtra une description scientifique et raisonnée, plus conforme à l'état actuel des connaissances sur l'antiquité égyptienne. Ce qui m'engage à donner ce Catalogue, bien qu'imparfait, c'est qu'il renferme des objets qu'on ne rencontre point dans le musée si riche de Drovetti, maintenant à Turin.

1   Tête en granit trouvée à Saqqârah. — 0^m,942.

2   Tête de guerrier en pierre calcaire, trouvée à Kaou. — 0,^{m}162.

3   Figure en pierre calcaire ornée d'hiéroglyphes, trouvée à Thèbes.— 0^m,23.

4   Figure en pierre calcaire portant une draperie rayée peinte en rouge et en noir. — 0^m,2202.

5   Figure en grès ferrugineux. — 0^m,216.

6   Fragment représentant une petite enveloppe de momie, en pierre calcaire avec ses couleurs, trouvée, avec les précédentes, à Gournah.— 0^m,189.

7   Sept idoles en terre cuite peintes, avec hiéroglyphes, trouvées à Touna ou Tanis. — 0^m,1752 [1].

9   Une figure en terre cuite, différente de toutes les figures connues, par son style et son costume. Trouvée à Touna, avec un autre fragment trouvé au même lieu. —0^m,189.

18   Un sphinx en terre cuite, trouvé à Thèbes. — 0^m,135.

21   Deux figures en bois peint et verni, couvertes d'hiéroglyphes, trouvées dans le tombeau ouvert par Belzoni, à Thèbes. — 0^m,1752.

28.   Une figure de femme, en bois, d'un joli travail et dans une attitude animée, trouvée à Saqqârah. — 0^m,132.

29   Cinq figures de femmes en bois, ayant diverses attitudes, coiffées à la manière des paysannes et des ouvriers, ayant les bras mobiles tournant sur des chevilles, trouvées à Thèbes. — 0^m,216.

31   Deux éperviers en bois peint, accroupis, un à face dorée et le corps couvert d'un filet. — Gournah. — 0^m,216 et 0^m,2022.

[1] Les numéros qui manquent dans ce Catalogue font partie des planches ci-dessus, ou bien se rapportent à des doubles qu'il n'était pas nécessaire de citer.

32   Un autre épervier semblable, peint en rouge, du même lieu.

33   Agathodæmon en pierre calcaire, de Thèbes.

34   Un aviron en bois peint, terminé par une. tête d'épervier, du même lieu.

36   Un oreiller de momie, en bois dur veiné, orné de boutons en ivoire, trouvé à Thèbes. (Cet objet est en tout semblable aux *oreillers* dont on se sert en Éthiopie.)

37   Trois étuis à couleur, en ivoire, de Saqqarâh.

39-40.   Deux pieds de fauteuil en forme de griffe de lion, très-bien conservés; trouvés à Thèbes.

———

FIGURES ET USTENSILES EN BRONZE

41   Ustensile orné d'une tête de cygne, propre à recevoir des parfums, trouvé à Gournah.

42.   Un miroir, de Saqqarâh.

43   Un fragment de passoire, orné de dessins égyptiens, de Charoune.

44   Un petit vase à parfums, trouvé à Kaou.

45   Un encensoir, trouvé à Dakel, en Nubie.

46   Une figure de prêtre portant des ailes déployées.

48   Deux figures d'Isis qui allaitent Horus, trouvées à Memphis.

50   Figurine d'Harpocrate, trouvée à Eléthya.

54   Deux dards de flèche, de forme triangulaire.

57.   Trois bracelets d'enfant, trouvés sur des momies, à Gournah. Deux sont en bronze et un en fer.

64   Trois broches provenant d'une caisse de momie grecque.

64 *bis.*   Une clef de serrure tournante, en fer, dans un manche de bois. Cet instrument n'avait pas encore été rencontré. On en voit la représentation au col des chacals peints sur la momie de Pétéménon, ce qui porte à croire que cet objet est de l'époque des Grecs et a beaucoup de rapports avec les clés encore en usage aujourd'hui en Égypte.

65   Petite tête de Méduse en bronze, de Gournah.

66   Un moule d'idole en pierre calcaire.

67   Deux moules en pierre calcaire, représentant des oiseaux.

68   Un autre moule en pierre calcaire, représentant une pintade.

69   Un autre moule de même pierre, représentant un œuf dans lequel est figuré un oiseau accroupi; ces cinq moules trouvés à Saqqârah.

70   Cinq empreintes en plâtre retirées de ces moules.

71.   Un masque en terre cuite, coiffé d'un bonnet phrygien, ayant les yeux vides, et qu'on suppose avoir servi de lanterne; trouvé à Edfou.

73   Une lampe représentant la figure d'un aigle, trouvée à Gaou.

74   Une lampe en terre rouge représentant la tête de typhon trouvée à Saqqârah.

77   Deux vases cylindriques en albâtre, trouvés à Eléthya.

78   Une grande coupe en albâtre, laquelle a été raccommodée autrefois.

80   Un pot à anses, orné d'une figure portant une coiffure en forme de turban, trouvé à Memphis.

84   Un vase en boule, en albâtre, semblable à ceux que l'on présente en offrande dans les tableaux égyptiens, trouvé à Saqqârah.

89   Une tasse, en pierre noire, de la

nature de la serpentine, avec dial-lage, renfermant des figues de syco-more, trouvé dans les tombeaux de Gournah, le vase à Eléthya.

91   Un godet en faïence bleue, ren-fermant des grains de raisin sec, trouvé à Thèbes.

92   Un autre godet en faïence bleue, renfermant des grains de froment, trouvé au même lieu.

97   Un fruit de palmier-doum venant des tombeaux de Thèbes.

98   Une coupe en verre renfermant des grains de *palma-christi*, ces der-niers des hypogées de Gournah.

99   Un vase long, sorte de lacryma-toire en verre, trouvé à Abousir, près Memphis.

101   Un vase en terre cuite, contenant de la cire vierge à modeler.

104   Deux vases réunis en forme de burettes, en terre rouge, trouvés à Thèbes.

105   Trois vases en belle faïence bleue, de la forme des koullés des Égyptiens modernes, ornés de fleurs de lotus et autres dessins antiques. Ces vases, très-curieux, sont formés de deux pièces moulées séparément, soudées l'une sur l'autre et ensuite vernies. Ce genre de fabrication serait de la plus haute antiquité, avant la con-naissance du tour en Égypte. Trou-vés à Gournah, dans les hypogées de Thèbes.

106   Un vase en terre, en forme de cône, souvent représenté dans les sculptures, trouvé à Syène.

107   Un tabouret en bois, foncé à jour, en jonc ou en feuilles de palmier, objet très-curieux, trouvé à Gournah.

108   Une corbeille ou panier oblong, en jonc, à trois compartiments, con-tenant des cheveux en masse et au-tres tressés.

109   Un panier de forme circulaire, en feuilles de doum, avec son couvercle, renfermant une épaisse chevelure tressée et déposée dans un linge qui est cacheté en terre sigillée d'un ca-chet antique égyptien.

114   Un très-joli panier circulaire, avec dessins de diverses couleurs, et son couvercle, renfermant du pain en morceaux. Ces paniers ont été trou-vés dans les hypogées de Gournah.

115   Un balai en feuilles de palmier, de la même forme que les balais des Égyptiens modernes. Cet objet n'a-vait pas encore été trouvé; il vient de Saqqârah.

117   Cordonnet à trois brins, chaque brin formé de six fils, trouvé à Saq-qârah.

118   Un gros paquet de cordes en pal-mier, ayant servi à lier des momies de bœuf, trouvé à Saqqârah.

119   Quatre figures représentant des enveloppes de momie, portant les têtes des figures connues sous le nom de canopes; en bois peint avec hié-roglyphes.

121   Un bâton en bois d'épine, sur-monté d'un calice de lotus semblable à ceux que portent les figures d'Isis dans les tableaux d'offrandes; la pomme est ornée, au-dessus, de deux écussons hiéroglyphiques; le bâton a été raccommodé en plusieurs endroits. Ce morceau, unique jus-qu'à présent, a été recueilli dans les hypogées de Thèbes.

122   Instrument à broyer, en roche dioritique.

123   Un maillet en bois dur, ayant beaucoup d'usage, trouvé à Gournah.

124   Un chacal en bois peint en noir, du même lieu.

126   Quatre vases dits *canopes*, avec leur couvercle à tête de chacal, de

singe, d'épervier et figure humaine, en pierre calcaire.

128   Belle tête d'homme en pierre calcaire, à grain fin, trouvée avec les précédents à Gournah.

137   Une statue assise, en pierre calcaire, peinte en rouge et la coiffure en noir, dans le costume d'usage dans les hypogées ; des hiéroglyphes sont peints sur le socle. Cette figure est bien conservée et la sculpture est d'un bon style ; ce morceau est un des plus précieux de la collection. Trouvé à Memphis.

139   Une figure de nephthys en jade, trouvée aux environs d'Alexandrie.

140   Un typhon en faïence, sur un socle portant diverses figures devant et derrière, représentant des éperviers et des crocodiles, trouvé à Saqqârah.

141-2-5   Trois typhons en faïence bleue, trouvés au même lieu.

143   Une figure de nephthys à tête et griffes de lion, en faïence verte, d'un travail trè-fin et de la plus belle conservation, venant de Saqqârah.

144   Un typhon en faïence verte, avec des panaches sur la tête.

148   Une figure d'Isis allaitant Horus, en faïence bleue d'un très-bon travail, trouvée à Saqqârah. Cet objet est très-curieux en ce que la moitié supérieure qui est détachée n'a pas sa couverte et porte une couleur brune.

149   Une figure d'Isis allaitant Horus, en faïence bleue.

150   Une figure nue, à tête d'Ibis en faïence bleue, pâte de porcelaine, de très-belle couleur et conservation ; d'un beau travail.

151-2   Deux figures de prêtre, en faïence verte et ornements bleus ; avec les

précédentes, trouvées dans les hypogées de Saqqârah.

155-6-7   Trois priapes en pierre calcaire et en faïence bleue ou vertes, de diverses formes, trouvés dans la Basse-Égypte et à Gournah.

158-9   Deux têtes de typhon en faïence verte ; l'un porte un scarabée et un épervier attaché à la tête. Ce travail est un des plus soignés de la collection. Trouvées à Thèbes.

160   Une petite tête en pierre calcaire dorée.

161   Un petit buste de figure humaine en composition de purpurine.

166   Une petite figure à genoux en faïence verdâtre.

172   Une figure à tête de lion, en faïence verte. Ces dernières trouvées à Gournah.

175   Un cynocéphale de profil, en faïence bleue, du même lieu.

177   Une petite figure d'Isis accroupie, avec un panache sur la tête, en lapis-lazuli ; trouvée à Memphis.

181   Deux Isis en faïence verte.

183   Une vache, symbole de la déesse Hâthôr, en porcelaine, imitant le lapis-lazuli, d'un beau travail ; trouvée à Gournah.

185   Une petite figure de hérisson ou porc-épic, avec hiéroglyphes.

186   Un cynocéphal assis, en porcelaine, d'un joli travail.

187-8   Trois petites figures de singes accroupis, dont un porte sur la tête le globe et le croissant ; un autre présente l'œil égyptien : en faïence verte, d'un joli travail.

189   Une petite figure de chat.

191   Une figure de truie, avec ses petits (fécondité), en faïence verte. Bien conservée.

193   Une figure de typhon à tête de

singe, avec un épervier sur le dos, d'un beau travail. Tous ces derniers objets provenant des hypogées de Thèbes.

194 Deux petits Ibis en porcelaine bleue et verte, d'un joli travail; provenant des tombeaux de Gournah.

195 Une tête de bélier en pâte de verre jaune, avec les cornes, les yeux et les oreilles en pâte blanche; d'un travail excellent. Trouvée dans la Basse-Egypte.

196 Une mouche en pâte de verre bleu.

197 Un très-beau cachet, représentant un cartouche hiéroglyphique surmonté des deux panaches en faïence verte. Trouvé dans la Basse-Egypte.

198 Un cachet représentant une figure ailée et un agathodæmon, en faïence verte. Trouvé à Gournah.

199 Un cachet en pierre talcqueuse, représentant le chacal et diverses figures hiéroglyphes. Du même lieu.

200 Un cachet en ivoire représentant divers signes et ornements égyptiens.

201 Deux cachets en faïence, portant des caractères hiéroglyphiques. Trouvés à Gournah.

202 Un cachet circulaire en terre vernissée représentant un scorpion et un lézard.

203 Un petit cachet en faïence bleuâtre, ayant la forme des cachets persépolitains, représentant un agathodæmon ailé.

204 Un cachet en stéatite représentant la mouche égyptienne.

205 Deux petits instruments sans sculpture, de la forme de ceux employés aujourd'hui en Egypte par les cordonniers pour battre le cuir; de Gournah.

206 Une petite empreinte en terre sigillée qui cachetait un paquet de cheveux.

207 Une bague en or garnie de pierres et de compositions bleues et purpurine. Trouvée au doigt d'une momie à Thèbes. Objet fort curieux.

208 Une bague en ivoire représentant un scarabée. D'un travail très-soigné.

209 Une bague en ivoire portant un sujet égyptien, servant de cachet. D'un travail fini.

210 Une autre bague en ivoire représentant l'œil égyptien.

211 Une bague en faïence bleue, représentant le buste d'une figure humaine. Trouvée, avec les précédentes, à Gournah.

212 Une bague en faïence, pouvant servir de cachet, représentant un cartouche hiéroglyphique. Trouvée à Gournah.

213 Une bague en porcelaine bleue, pour cachet, représentant un cartouche hiéroglyphique. De Thèbes.

214 Une *dito*, en faïence verte avec hiéroglyphes, pouvant servir de cachet.

215 Une bague en faïence verdâtre, avec hiéroglyphes, pour cachet. Avec les précédentes, trouvées à Gournah.

216 Autre en faïence, portant des signes hiéroglyphiques, encore pour cachet.

217 Une *idem* très-petite, en faïence bleue, représentant une petite figure.

218 Une *idem*, en faïence bleue, représentant un œil.

219 Une *idem* semblable, en faïence verte.

g

220 Une *idem* en faïence verdâtre, représentant un agathodæmon et autres signes hiéroglyphiques.

221 Une *idem* semblable, portant la figure d'agathodæmon.

222 Une *idem* en faïence verte, représentant une figure de Nephthys.

223 Une *idem* en faïence rouge, portant des ornements. Toutes les bagues ci-dessus ont été recueillies dans les hypogées de Gournah.

224 Une bague en fer, incrustée d'une petite plaque d'or circulaire, portant des figures de typhon et autres.

225 Neuf anneaux unis, en ivoire et en composition de porcelaine.

226 Une bague en bronze, représentant une figure casquée de style grec.

227 Quatre bagues en fer et en bronze. Tous ces derniers provenant des hypogées de Thèbes.

228 Un petit manuscrit sur papyrus contenu dans un étui de fer, dont les deux extrémités étaient soudées des deux bouts. Trouvé à Saqqârah.

229 Autre petit manuscrit recouvert d'une feuille de cuivre.

230 Un petit papyrus encore cacheté en cire vierge, marqué d'une empreinte hiéroglyphique et portant un nom, comme si l'on eût voulu indiquer la destination. Un petit lien ferme le manuscrit, et sur le nœud est fixé le cachet.

231 Un petit collier en cornaline taillée en forme de balustre. Trouvé à Thèbes.

232 Deux petits anneaux en cornaline; de Gournah.

233 Un signe hiéroglyphique connu sous le nom de nilomètre en cornaline. Du même lieu.

233 *bis* Un petit amulette en forme de canope en cornaline.

234 Un *idem* en faïence verte, représentant deux yeux.

235 Un amulette en faïence représentant deux cartouches et autres sujets hiéroglyphiques.

239 Un *idem* en faïence bleue représentant diverses figures égyptiennes. Ce travail est à jour et très-curieux. Trouvé à Touna.

240 Un amulette en pâte bleue, représentant, d'un côté, l'œil, de l'autre, des signes hiéroglyphiques, parmi lesquels se trouve le scorpion.

242 Un amulette en porcelaine verte, sorte de petit panier à jour.

245 Un sujet représentant Anubis et une momie couchée sur un siége en forme de lion; en pâte imitant le lapis-lazuli, recouverte d'un émail blanc.

247 Un amulette en porcelaine verte représentant le bœuf Apis, surmonté d'une corniche, objet d'un joli travail.

253 Dix-huit amulettes d'un travail délicat, en pierre stéatite émaillée et en composition d'émail et pâte de verre de différentes couleurs, avec inscriptions hiéroglyphiques, et un en jaspe rouge.

258 Deux amulettes représentant l'œil, en roche dioritique et porphyritique.

259 Un autre, de même représentation, en lapis-lazuli.

260 Un signe hiéroglyphique, en ivoire, avec les précédents. Trouvé à Gournah.

267 Une figure hiéroglyphique, connue sous le nom de nilomètre, curieuse par sa composition; elle est formée de pièces en pâte de verre,

ajustées et mastiquées, formant une sorte de mosaïque. Trouvée à Thèbes.

269   Composition de verre, très-curieuse, représentant un dessin de fleur, en pâtes de diverses couleurs rapportées et produisant l'effet de la mosaïque, de manière qu'en coupant la pièce transversalement, elle produit toujours le même sujet. Trouvée à Touna.

270   Composition dans le même genre que la précédente, en verre bleu, fleurs de lotus en émail blanc et rouge.

271   Autre composition, dans le même genre, en verre bleu, représentant de petites rosaces en jaune d'un dessin excellent. Toutes ces compositions singulières ont été trouvées à Touna.

271 bis.   Composition semblable, en verre blanc, offrant un petit dessin en étoiles.

272   Un petit cube de verre portant une feuille d'or entre deux couches de verre.

273   Représentation de l'oreiller, en hématite polie; trouvée dans la Basse-Égypte.

274   Deux plaques d'or représentant l'œil et les cils.

275   Autre plaque d'or de la forme de la langue. Ces trois objets appartiennent à la momie de Pétémenon.

276   Une tête d'Apis, en or fin estampé; la bouche, les yeux, les oreilles, ainsi que la tache sur le front sont dessinés par une multitude de petits grains d'or soudés; très-beau morceau trouvé à Memphis.

277   Petit amulette en or, représentant l'œil ciselé, du même lieu.

278   Une plaque d'argent portant une petite figure d'Osiris, et les ailes tracées au ciselet sur l'argent, trouvée à Gournah.

279   Une pierre, en jaspe sanguin, gravée.

280-1-2   Quatre scarabées, dont un en pierre talqueuse couvert de six lignes d'hiéroglyphes, trouvés à Couz. — Un autre en basalte et deux de grandes dimensions en roche feld-spathique verte, trouvés à Thèbes.

287   Un grand scarabée en faïence bleue, portant des ailes ouvertes en perles d'émail, de diverses couleurs.

287 bis.   Quatre petites figures, en tissu de perles, semblables, appartenant au même scarabée, qui devaient former la décoration d'une momie trouvée à Thèbes.

292   Un très-beau scarabée en pierre stéatite, couvert en dessous d'hiéroglyphes et portant plusieurs ornements où l'on reconnaît quatre serpents, la tête du bélier, un petit scarabée ailé, une pintade ou poule de Pharaon et autres figures sculpturées en relief.

292-3   Deux très-beaux scarabées en ivoire d'hippopotame, l'un portant sur le dos une légende hiéroglyphique, avec le dessous gravé, d'un beau travail; l'autre porte les ailes cannelées, et en dessous neuf lignes d'hiéroglyphes.

300   Deux petits instruments, forme de tournevis en fer dans des manches en bois; trouvés à Gournah.

301   Un tailloir en silex. Trouvé à Memphis.

302   Une sonde et un long ciseau en bronze, de Gournah.

304-5   Trois petits poinçons et deux spatules en bronze.

307'   Un instrument de chirurgie en

bronze, tranchant à l'une de ses extrémités, à l'autre portant un crochet; on y remarque un caractère de tête.

308 Une lame en bronze très-recroui, ayant un tranchant formant un couteau; trouvé, avec les précédents, à Gournah.

310 Une petite curète en bronze.

313-4-6 Trois peignes en bois dur, probablement destinés à la préparation du lin; trouvés à Saqqârah.

315 Un peigne en bois mou qui paraît n'avoir été qu'ébauché.

318 Un peigne en bois dur, pour les cheveux, d'une parfaite conservation, trouvé à Thèbes.

319 Un vase en roche de serpentine, pour la toilette, contenant une poudre noire supposée être l'antimoine ou le plomb sulfuré.

320 Un autre vase en albâtre, avec son couvercle, pour la toilette, contenant une poudre métallique semblable, et que les femmes d'Égypte employaient pour se noircir les cils.

321 Petite boîte en bois dur, avec son couvercle tournant sur un axe et se fermant avec une broche, laquelle servait en même temps à prendre dans la boîte du noir pour la toilette. Trouvé à Gournah.

322 Un double étui, en faïence bleue, portant des bordures en dessins égyptiens, ayant servi au même usage que les précédents. Du même lieu.

323 Un coin de médaille antique, en bronze, de forme cylindrique, portant une tête de Bérénice bien conservée. A l'autre extrémité une autre tête en partie effacée. Ce rare morceau est un des plus précieux de la collection, il a été trouvé à Éléphantine.

323 *bis* Empreinte en cire, prise sur

l'autre partie du poinçon portant la corne d'abondance et le nom de reine Bérénice. Ce morceau a été trouvé dans le même lieu par M. Burkhardt, médecin allemand.

324 Un beau morceau en pierre stéatite jaspée, représentant, sur une face, une figure en relief debout sur deux crocodiles, tenant des serpents, des scorpions avec d'autres animaux. Au-dessus, autre sujet de Priape. Tout ce beau morceau est couvert d'hiéroglyphes.

325 Petite figure en bois; Osiris, assis et adossé à un obélisque qui est creux et qui renferme un petit fœtus de 0^m,056. Trouvé à Saqqârah.

326 Autre petit tombeau semblable, doré; la figure a des yeux d'émail rapportés; sur le couvercle du tombeau est le signe du nilomètre. Le fœtus s'y trouve encore dans des langes. Trouvé à Saqqârah, hauteur 0^m,1215.

327-8 Un écheveau de fil. Une corde à boyau, de la grosseur d'une chanterelle, destinée à un instrument de musique, enveloppé dans un chiffon de toile. C'est la première fois, disait M. Cailliaud, que cet objet s'offre dans une collection. Trouvé à Gournah.

329 Une poulie en bois, roulant sur un axe en fer. Trouvée dans le même lieu. Cet objet est le premier de ce genre qui ait été trouvé.

330 Extrémité d'une canne en épine, portant une petite pomme en ivoire. Trouvée à Gournah.

331 Petit vase circulaire en ivoire. Du même lieu.

332 Instrument plat en ivoire ayant pu servir pour la peinture. Trouvé au même lieu.

333 Trois dés à jouer, dont deux en

ivoire et un en pierre ; trouvé à Antinoé.

334 Morceau de tissu extrêmement fin.

335 Petit poisson embaumé, trouvé à Thèbes.

336 Deux fuseaux en bois, pour filer.

337-8 Petits pains, sorte de gâteaux de forme circulaire, semblables à ceux consacrés dans les offrandes. L'un ressemble à ceux que nous nommons aujourd'hui flûtes ; trouvés, avec les précédents, dans les hypogées de Gournah.

340 Deux godets à broyer les couleurs, en roche verdâtre.

341-2 Quatre palettes à écrire, en bois, portant encore des traces du noir et du rouge qu'elles ont reçus. L'une d'elles est incrustée de points d'ivoire pour ornement.

343 Quatre étuis en roseau, contenant des couleurs en poudre pour les peintres ; ces trois derniers trouvés à Gournah.

344 Quatre étuis en os et en ivoire, attachés ensemble dans une masse de baume et contenant des couleurs ; trouvés à Saqqârah.

345-6-7 Tresses et mèches de cheveux postiches pour la coiffure. Les tresses sont fines et très-bien nattées.

348-9 Cheveux travaillés, tournés sur un mandrin et formant des élastiques ; ouvrage singulier, trouvé à Thèbes.

350 Espèce d'étole trouvée sur une momie, consistant en deux pièces de peau maroquin rouge, portant des empreintes hiéroglyphiques marquées comme d'un timbre sec. Les anciens n'avaient qu'à mettre du noir dans ces gravures, sans doute en bronze, puis les appliquer sur papyrus, et ils auraient imprimé.

350 bis. Deux autres pièces à peu près semblables, empreintes d'hiéroglyphes et d'ornements indiquant peut-être une décoration religieuse ; trouvées avec l'étole, sur la même momie, à Thèbes.

151 Une pièce de peau rouge, portant une empreinte semblable, où l'on reconnaît un Priape ; provenant d'une autre étole trouvée à Thèbes.

154-5-6 Cinq yeux, dont trois en albâtre, avec les prunelles en pierre ou composition noire, servant à orner des statues ou des caisses de momie, et deux yeux en cire vierge, dorés ; trouvés à Gournah.

360 Deux longues perles ou pandeloques en forme de poires, émail bleu, trouvées à Thèbes.

361 Un petit nœud en cristal de roche.

362 Une petite croix grecque en chaux sulfatée.

363 Quatre perles, composition en pâte d'émail.

364 Petit collier de grains de pâte de verre, représentant sur deux faces des yeux d'oiseau ; avec les précédents, trouvés à Gournah.

365 Feuilles de cuivre battu et doré, trouvées sur une momie à Saqqârah.

366 Deux petites figures en bois attachées avec un petit manuscrit par un cordon qui servait de collier à une momie, des hypogées de Gournah.

367 Une tête de serpent en granit gris.

369 Un grand amulette en faïence verte, représentant une tête de hibou de face, portant sur la partie postérieure un signe hiéroglyphique. Trouvée à Éléthya.

370 Une petite tasse en roche serpentine.

372 Un serpent passé dans un anneau portant le globe sur la tête, recouvert d'un enduit blanc sculpté avec soin, trouvé à Gournah.

h

375   Représentation de deux doigts accolés ensemble, en schiste noir; trouvé à Thèbes.

379   Une figure de chat, en bois, couverte d'un enduit avec des dessins en noir.

391   Quinze manuscrits, en partie sur papyrus, dont quatre non déroulés. N° 401, 2, 3, 4.

406-7   Deux planchettes écrites en caractères hiératiques, dont l'une en forme d'obélisque, écrite des deux côtés. Sur la face la mieux conservée sont trois lignes d'écriture dans toute la longueur de la planche, sur l'autre quinze lignes écrites en travers et presque effacées; trouvées à Gournah.

408   Un long filet en perles d'émail bleu, portant en haut une petite bordure de perles de diverses couleurs; en bas, une espèce de frange formée de touffes de fil; trouvé à Gournah, sur une momie.

409   Filet en perles d'émail, portant en haut une jolie plaque en tissu de perles d'émail de diverses couleurs formant des dessins en figures hiéroglyphiques; le filet entouré d'une bordure en tissu semblable.

410   Un petit filet en perles d'émail bleu, portant au bas des grains de même matière avec des touffes de fil imitant des glands comme les derniers; trouvé dans les hypogées de Gournah.

411   Un ornement de momie en carton découpé à jour, couvert d'hiéroglyphes et de peintures d'une très-belle conservation; la ligne hiéroglyphique du centre présente un emplacement en blanc sans écriture, qui a dû être conservé à dessein d'y mettre le nom du défunt pour qui on devait employer l'objet qui est resté neuf; trouvé à Saqqârah.

412   Un collier de momie en carton, orné de peintures très-riches.

413   Un carton de momie de la même forme que celui du n° 411, d'une belle conservation, couvert de peintures et d'hiéroglyphes.

414-5-6   Fragments de cartons peints avec des figures, dont l'une est dorée, avec hiéroglyphes, etc.

417   Un masque en carton, doré, d'une parfaite conservation; ces derniers trouvés à Thèbes.

418   Deux semelles trouvées sous les pieds d'une momie; elles sont en papyrus ornées de peintures représentant des captifs à longue barbe qui ont les pieds et les mains liés. Le papyrus avait déjà servi pour écrire et on y voit encore les traces des caractères; trouvées à Gournah.

427   Une paire de sandales en cuir, avec les cordons et attaches, très-bien conservées; le cuir est frappé de plusieurs marques, en forme d'ornements; trouvése à Gournah.

428   Une paire de souliers à hauts quartiers, en cuir, portant sur le dessus des empeignes, de petites chaînettes en cuir, d'un joli travail; du même lieu.

420   Une paire de bottines en maroquin rouge et vert, ornées et découpées avec art, avec des rosaces; trouvée à Gournah, sur les pieds d'une momie; il y a encore un pied dans l'une des deux bottines. Les semelles sont fines et la coupe de la chaussure est différente, toujours pour chaque pied, comme celles de nos jours.

434   Une momie d'enfant, du sexe masculin, débarrassée de ses langes, trouvée avec les précédentes à Gournah.

435   Une tête de momie humaine à face dorée.

436 Une tête de momie de femme avec de longs cheveux.

437 Une tête de momie de nègre avec ses dents et ses cheveux bien conservés; toutes ces têtes ont été trouvées dans les hypogées de Gournah.

438-9 Bras de momies; l'un a la main débarrassée de ses bandelettes, au poignet est un petit linge en forme de bracelet; l'autre a également la main nue avec les ongles teints de henné couleur rouge.

439 *bis* Un autre bras enveloppé de baume, provenant d'une momie grecque; ces derniers de Gournah.

443 Deux jambes de momie que l'on suppose être de femme; elles sont enveloppées de toile : les pieds sont ornés de bandelettes de couleur, disposées avec art.

445 Un petit tombeau en bois auquel est adossée une petite figure d'Osiris assis. Le tombeau est couvert d'un enduit portant des signes et des figures hiéroglyphiques. Dans l'intérieur est un petit fœtus humain enveloppé de ses linges.

446 Un autre tombeau semblable. — La figure d'Osiris est dorée. Le fœtus d'un enfant mâle a été retiré de ses linges. Tous les objets ci-dessus provenant des hypogées de Gournah.

451 Une tête de bœuf embaumée avec ses cornes et attachée avec des cordes de palmier : les yeux sont peints sur la toile; trouvée à Saqqârah.

452 Partie d'une tête de momie de bœuf, avec les cornes entières; trouvée au même lieu.

453-4-5 Sept momies de chats enveloppées de leurs bandelettes, dont l'une représente la tête du chat, et le corps et les pieds d'une momie humaine; trouvées à Thèbes.

456-7 Trois momies de chiens enveloppées de leurs bandelettes : sur l'une les oreilles sont représentées en toile; les yeux, la bouche et le nez se dessinent en blanc sur le reste de la tête peinte en noir; trouvées à Thèbes.

458-9 Cinq momies de crocodiles enveloppées avec soin dans des bandelettes de diverses couleurs formant des quadrilles et autres dessins, les yeux y sont également dessinés par ces bandelettes; trouvées à Thèbes.

460 Une petite momie de quadrupède semblable à l'Ichneumon; trouvée à Saqqârah.

461 Un poisson embaumé à larges écailles, et semblable à une perche; ce poisson est bien conservé à l'exception de la tête; trouvé dans des langes à Thèbes.

462 Un Ibis embaumé trouvé à Abydus.

463 Trois momies d'Ibis; trouvées à Thèbes. — 0^m,297 et 0^m, 352.

466 Trois échantillons de baume de momie.

467 Deux fragments, supposés appartenir à des éventails, portant des parties de plumes.

474 Une petite caisse et son couvercle en bois, à queue d'éronde, portant deux boutons et couverts d'un enduit blanc, 0^m,433.

475 Une grosse perruque à cheveux laineux, portant de longues tresses de cheveux différents.

476 Une autre perruque à cheveux longs et tressés. Ces deux derniers objets placés dans une petite caisse ont été trouvés avec les précédents à Gournah.

477 Une partie de fresque représentant des lotus, des oiseaux, des

caméléons, des papillons, etc.; sujet curieux retiré des hypogées de Gournah à Thèbes. Longueur 0^m,76 sur 0^m,43.

478   Une autre partie de fresque représentant deux figures de femme, trouvée dans les mêmes hypogées. — Longueur 0^m,623 sur 0^m,379.

479-80   Deux grandes serviettes de belle toile encore en pièce, portant les deux extrémités, et un fragment de belle toile neuve.

482   Partie d'une longue écharpe en belle toile, portant la marque A M, brodée au crochet. L'extrémité porte des liteaux et une longue frange; trouvée sur la momie de Pétéménon.

483   Deux chemises ou tuniques trouvées sur la même momie.

484   Une chemise plus fine, de la même momie, portant des pièces rapportées et *des reprises.*

485   Une écharpe en très-belle toile avec liteau et franges à ses extrémités.

486   Une autre écharpe plus grande avec longues franges. Tout ce linge appartient à la momie grecque de Pétéménon, trouvée à Thèbes.

487   Un morceau de toile portant deux cartouches et autres hiéroglyphes.

488   Un autre morceau de toile, teinte en rouge, portant une inscription hiéroglyphique; ces derniers trouvés à Gournah.

489   Un sac en fort tissu, toile de couleur, avec une bordure formant des dessins; trouvé à Saqqârah.

490   Une écharpe en forte toile trouvée sur une momie.

491   Deux fragments de vase en terre cuite, portant des inscriptions en grec cursif; trouvés à Éléphantine.

492   Une caisse de momie grecque de forme carrée longue, différente de celle des momies égyptiennes, couverte de peintures et d'inscriptions d'un haut intérêt. On y remarque les douze signes du zodiaque, des inscriptions hiéroglyphiques, et une inscription grecque, dont une partie est la traduction de divers noms en hiéroglyphes de la même caisse. Ce fait important confirme de plus en plus l'alphabet de M. Champollion le jeune et les hiéroglyphes phonétiques.

493-4-5   Momie d'homme dit Pétéménon, trouvée dans la même caisse avec une chemise ou tunique et une toile teinte en rouge et peintes de figures et caractères hiéroglyphiques. La momie est retirée de ses langes, et d'une parfaite conservation. Les bras et les mains sont étendus le long des cuisses, la poitrine et une partie de l'abdomen, et le dessous des pieds sont dorés inégalement, les doigts des mains bien faits et potelés, le profil est plus droit et le front moins incliné que dans les momies égyptiennes. Les cheveux, parfaitement conservés, sont bouclés, sur les yeux étaient deux petites plaques d'or de la figure d'un œil avec les cils, et sur la bouche une autre plaque de la forme de la langue. L'inscription grecque si habilement restaurée par M. Letronne, de l'Institut, et la notice précieuse qu'a publiée ce savant, sur ce monument si extraordinaire, en font connaître l'importance [1].

496   Une couronne de feuilles dorées imitant la feuille de l'olivier, trouvée sur la momie ci-dessus.

[1] Voyez *Voyage à Méroé et au fleuve Blanc,* par F. Cailliaud, t. IV, p. 1 à 54 ; t. II, pl. LXVI à LXXI.

498   Caisse de momie revêtue de belles peintures d'une parfaite conservation. On y voit dans l'intérieur, une figure ailée et des signes hiéroglyphiques. Sur tous les doigts de la figure que présente le couvercle on a peint des bagues; les hiéroglyphes sont très-bien conservés et d'un dessin précieux; les couleurs vives et de la plus grande fraîcheur, sont couvertes d'un vernis brillant.

499   Couvercle intérieur de la même portant en dessous une figure de femme; le dessus est richement orné d'hiéroglyphes de la plus grande fraîcheur, de peintures couvertes d'un beau vernis; provenant des hypogées de Gournah.

501   Momie d'un vieillard que l'on suppose avoir été un prêtre, retirée de ses langes; la barbe est blanche et a dû être coupée. Une jambe plus courte que l'autre apprend qu'il devait être boiteux. Cette momie présente un intérêt tout particulier par le mode d'embaumement qui n'a présenté que de la poussière de bois; il est digne de remarque que les chairs ont été très-bien conservées; des parties sont très-flexibles à la pression du doigt. Cette momie portait au col un ornement, espèce d'étole en cuir maroquin avec hiéroglyphes.

502   Caisse de la même momie, avec son couvercle; le tout est orné d'un grand nombre de peintures hiéroglyphiques bien conservées. Le fond présente une figure de femme, peinte avec des ailes déployées. Le couvercle représente un homme les bras croisés, tenant dans chaque main des figures hiéroglyphiques en bois peint, et le dessus est orné d'un très-grand nombre d'hiéroglyphes bien conservés et d'un dessin fini.

503   Couvercle particulier, intérieur de la même momie peint en blanc, avec des ornements et des hiéroglyphes d'une parfaite conservation. Les bras sont croisés et tiennent les mêmes emblêmes que la figure du couvercle extérieur.

504   Une momie intacte renfermée dans une enveloppe de carton, cousue par derrière. Les peintures sont sur un fond blanc d'une belle conservation.

505   Une autre momie aussi intacte, renfermée dans une enveloppe de carton, peinte et portant une bande d'hiéroglyphes peints en noir.

506   Une caisse de momie avec son couvercle, l'intérieur peint en blanc et orné d'une figure de femme avec un grand nombre d'hiéroglyphes; le dessous de la caisse est aussi orné de peintures. Le couvercle représente une figure d'homme portant une barbe tressée; il y a un grand nombre d'hiéroglyphes.
Le dedans du couvercle est semblable au fond de la caisse; il représente la même figure de femme entourée d'hiéroglyphes.

508   Une momie d'homme ayant les bras allongés le long du corps.

509   Une momie d'homme débarrassée d'une partie de ses langes, ayant un bras posé sur l'épaule et l'autre sur la cuisse.

510   Une autre momie d'homme débarrassée d'une partie de ses langes, ayant les bras croisés; toutes ces momies ont été trouvées dans les hypogées de Thèbes.

Nota. On compte dans la collection 950 morceaux.

i

www.ingramcontent.com/pod-product-compliance
Lightning Source LLC
Chambersburg PA
CBHW052051090426
42739CB00010B/2135